心派企业文化设计与落地

宋联可 著

中国财富出版社

图书在版编目（CIP）数据

心派企业文化设计与落地 / 宋联可著 . —北京：中国财富出版社，2017. 1
ISBN 978 - 7 - 5047 - 6107 - 1

Ⅰ. ①心…　Ⅱ. ①宋…　Ⅲ. ①企业文化—研究　Ⅳ. ①F270

中国版本图书馆 CIP 数据核字（2016）第 080143 号

策划编辑 宋　宇　**责任编辑** 宋宪玲
责任印制 何崇杭　**责任校对** 杨小静　**责任发行** 敬　东

出版发行 中国财富出版社
社　址 北京市丰台区南四环西路 188 号 5 区 20 楼　**邮政编码** 100070
电　话 010 - 52227588 转 2048/2028（发行部）　010 - 52227588 转 307（总编室）
010 - 68589540（读者服务部）　010 - 52227588 转 305（质检部）
网　址 http：//www. cfpress. com. cn
经　销 新华书店
印　刷 北京京都六环印刷厂
书　号 ISBN 978 - 7 - 5047 - 6107 - 1/F · 2576
开　本 710mm × 1000mm　1/16　**版　次** 2017 年 1 月第 1 版
印　张 13. 75　**印　次** 2017 年 1 月第 1 次印刷
字　数 218 千字　**定　价** 32. 00 元

序　言

心派企业文化建设

企业的领导者若想从“心”建立企业独有的企业文化氛围，必须从两个方面着手。一是硬性方面，比如管理制度等，这是一个原则性的问题，任何人都不能够逾越，都不能够妥协，也不能够通融；二是软性方面，比如在紧张有序和规范化的管理机制下，如何营造一个健康、和谐与文明的工作和生活环境，是企业增强自身凝聚力和向心力的关键所在。

简单来说，就是一个企业的管理要有人情味，要让自己的员工有一种归属感和主人翁精神，要对自己的员工做到尊重、信任、关怀、教诲、激励和约束，这就是我们一开篇就要提到的心派企业文化的内容。

心派企业文化强调的是一种目标，一种沟通和认同。因此，一个企业即便是能够用精美的纸张来印制出自己公司的企业文化和企业理念，拿着这本小册子，员工们也能够对答如流，但是，如果没有员工自觉地践行企业文化精神，那企业文化最终还是纸上谈兵，发挥不出其应有的效果。

虽然国内许多企业基本上都有自己的文字形式上的企业文化，但很多企业的企业文化工作却并没有真正地做好，根本就没有真正发挥出企业文化所应有的那种积极的推动作用。到底是什么原因，使得这些企业的文化没能很好地发挥出应有的优势呢?

答案就是这些企业缺乏员工对公司文化的一种认可、理解和执行。企业文化只有得到了广大员工的理解、接受并时刻铭记于心，才能使员工们潜在的劳动积极性得以充分地发挥，这时候，企业文化才能够真正地成为企业发展的一种动力和竞争力。

心派企业文化发挥作用的途径，是通过员工对文化的认同，形成心理契约，对员工进行无形约束。因此，只有把心派企业文化和企业制度统一起来，企业文化才能发挥重要的作用。如果企业文化能够在相关制度里面完美体现，那么企业制度也能得到员工的自觉遵守。

反之，如果一家企业的制度没有优秀的文化做指引，而仅仅是一种刚性的要求，一旦监管不力，员工就不会按照要求去做，这样的话管理成本会很高。

心派企业文化的构建有一个价值观念归纳整理的过程，但是文化并不是简单的标语口号，不是把口号贴在墙上或者印成小册子就可以了。我们可以看到一些濒临倒闭的企业也有漂亮的口号，可是这些口号并不能挽救它们的命运。虽然这些口号听起来很像那么回事，但是做起来却又是另一回事。例如有的企业提出“质量就是生命”这样的口号，但实际生产出来的产品，却是质量问题频出。

对于一些创业中的企业来说，尽管企业文化非常重要，但是这些企业由于处在创业阶段，还没有形成真正的企业文化。创业企业的文化，更多地体现在创业者的个人气质上，比如创业者本人能说到做到，注重产品质量，注重执行力，那么对于他的企业来说，这些都是形成企业文化的基础。

所以在创业初期，创业者一方面要摸索出好的管理制度和模式，另一方面强化企业的一些良好作风。这样，等企业度过创业期，也就逐渐形成了良好的企业文化。以此为序。

心派企业文化设计与落地
目 录
CONTENTS

第一章　企业文化的创建

尽管企业文化不会影响到企业的有形资源，却会对有形资源的利用方式产生重大的影响，这种影响是通过企业文化对企业员工的价值取向和行为方式施加强有力的导向和支配作用而产生的。

第一节　未来企业竞争制胜的关键——企业文化

有一家民营企业，经过数年苦心经营，已经具备了相当的规模，产品畅销全国，部分还远销国外。但随着企业规模的壮大，老板张总日益感到力不从心。自己的期望、想法、思路一到往下执行就全变了样；各级之间都存在沟通障碍；员工与公司很难达成共识，员工对公司的理念、价值观没有认可度；大多数员工并没有全身心工作；几乎所有的艰辛和困苦都是老板自己一个人在扛；员工中很多是老乡、亲戚，裙带关系盛行；公司整个团队上千人，左看右看都像一群游兵散勇的杂牌军……

这是一个非常有代表性的案例。我前往调研后，认为该企业在企业文化建设过程中，遇到了以下困惑。

首先，对企业文化建设的认识程度很低。对企业文化的认知停留在物质的表层，以为做一些公关活动、广告推广、社会公益和职工的文化娱乐活动；或者认为统一了着装，统一了企业的标识，做了形象设计，自己就已经很“文化”了。而漠视了企业文化中最本色的部分，即企业核心理念的确立与推广。

其次，忽视了文化建设的重点是对员工的教化。虽然设计了企业文化的有关元素，但仅仅是把它设计出来、展现出来，然后束之高阁，说得严重一点，这是把企业文化当作一尊佛像供奉在那里，而缺乏对员工进行深层次的教化，企业文化没有得到员工的广泛认同和接受，没有在员工心中扎根发芽，没有转化为员工真正的行动。

最后，企业文化建设中漠视人性。该公司在他们网站上所宣传的企业文化是："产品文化：大胆创新，领先潮流；员工文化：自信自强，无私奉献；服务文化：消费者的需要是企业服务的方向……"而我在厂区观察到的情况却是：全公司近千人，只有一个公用厕所，建在离员工密集的厂区还有近百米的距离，而且很简陋，稍一靠近，就闻到刺鼻的异味……其他有待改进的地方这里不多说，可见公司对于员工人性关怀的重视严重不足。

成熟健康的企业文化应是"以人为本"的心派企业文化。这种漠视人性关怀的做法是对社会不负责任的。

1. 什么是企业文化

人是企业中最大的资源，而管理企业的有效方法是通过文化的暗示微妙地进行的。享有世界声誉的美国管理家彼得·德鲁克曾经指出：管理以文化为基础。管理是一种社会职能，既要承担社会责任，又要根植于文化之中。

要建设企业文化，首先应该清楚什么是企业文化。虽然大家对"企业文化"并不陌生，但是要给企业文化下一个准确的定义，恐怕很难有人能说得清楚。惠普（HP）、IBM 等国际大公司之所以成功，很大的原因是他们拥有自己特色的企业文化。

特伦斯·迪尔和艾伦·肯尼迪合著而成的《企业文化——企业生活中的礼仪与仪式》一书，堪称企业文化研究的奠基之作。他们把企业文化整个理论系统概述为 5 个要素，即企业环境、价值观、英雄人物、文化仪式和文化网络。这个理论影响了很多企业文化研究者，可以通过观看宋联可工作室原创的一集情景剧来找找这五个要素。

Lucky：大家对公司的文化建设有什么想法？我觉得首先应明确企业要向外界塑造什么样的形象，这就像女同志考虑如何打扮一样重要！

Happy：没错！还有就是企业核心价值观了。

Cherry：价值观的确定固然重要，但在公司内树立真实的榜样也很重要，这个榜样代表了员工成长和努力的方向。

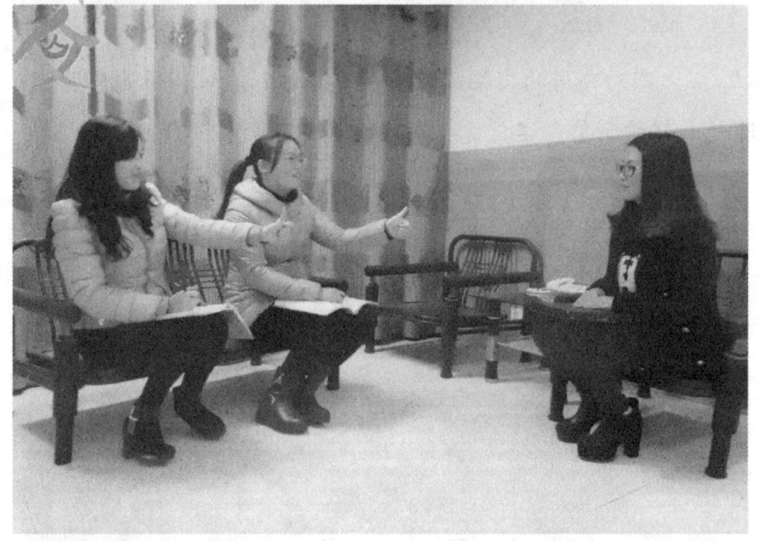

Happy：其实我觉得各种表彰、奖励活动对于激励员工起着不可小觑的作用，要想马儿跑，就给马儿多吃草。

Lucky：大家都说得不错，但还忽视了一点，那就是保持信息畅通，建立文化网络。倾听员工的心声，没有传输渠道可怎么行？

众人：没错，还是你想得周到。

尽管很多的管理类教材或参考书把企业文化描绘得玄乎其玄，然而企业文化不过是企业在长期经营过程中逐步形成与发展的、带有企业独有特征的价值观念和思维方式以及其外化的企业行为规范的有机统一。

为了增加感性认识，我们先来看几个企业文化的案例。

企业文化案例之一：沃尔玛以人为本的企业文化

沃尔玛的创始人山姆·沃尔顿曾总结出其事业成功的“十大法则”：忠诚你的事业；与同人建立合伙关系；激励你的同人；凡事与同人沟通；感激同人对公司的贡献；成功要大力庆祝，失败亦保持乐观；倾听同人的意见；超越顾客的期望；控制成本低于竞争对手；逆流而上，放弃传统观念。这“十大法则”中有七条与员工关系有关，由此可见沃尔玛把员工关系放到了多么重要的位置。

沃尔玛的新标识采用更加柔和的英文字体，去掉了“Wal”和“mart”中间原有的蓝色五角星，同时在“Walmart”后面增加了一个橙色火花。这个火花不仅代表灵感与智慧，更代表了沃尔玛是顾客省钱的智慧之选。如图 1－1 所示。

图 1－1　沃尔玛标识

企业文化案例之二：中国石化

企业宗旨：中国石化以“发展企业、贡献国家、回报股东、服务社会、造福员工”作为企业宗旨。

企业愿景：中国石化以“建设具有较强国际竞争力的跨国能源化工公司”作为企业愿景。通过不懈努力，使公司的产业结构、资产结构更加合理，主业经营规模、赢利能力、创新能力明显提升，国际化程度明显提高，人才队伍结构合理、素质优良，企业凝聚力、竞争力明显增强，跻身世界能源化工公司前列。

企业精神：中国石化传承、丰富和弘扬“爱我中华、振兴石化”的企业精神。

企业作风：中国石化继承和发扬“精细严谨、务实创新”的优良作风。

经营理念：中国石化以“诚信规范、合作共赢”作为企业经营理念。

统一形象标志：规范使用集团公司统一的形象标志，如图1－2所示，不断提升“中国石化”“SINOPEC”形象标志的价值和影响力。集团公司《形象识别手册》由归口管理部门负责修订、完善和推广，总部和所属各单位严格按照有关规定规范使用，切实维护集团公司的整体形象。

图1－2　中国石化标识

加强品牌管理：加强集团公司品牌战略研究，规范品牌、商标的使用与管理，充分发挥中国石化品牌及组合品牌的市场影响力和辐射力。集团公司品牌由归口管理部门负责规划、整合、宣传和推广，总部和所属各单位严格按照有关规定规范使用。依靠全体员工良好的素质、优质的服务和自觉的维护，不断提升中国石化品牌的价值和商誉。

履行社会责任：在推进企业发展的同时，通过保障供应、安全生产、节能减排、公益活动等多种方式，切实履行企业公民特别是国有骨干企业应尽的社会责任，努力塑造社会广泛尊重的公司形象。

注重形象宣传：加强企业形象的正面宣传，提高突发事件的新闻处置能力，积极引导社会公众对中国石化的认知、理解和支持，营造良好的社会舆论环境。

企业文化案例之三：国家电网

国家电网公司已经形成了企业文化核心价值体系，主要内容涉及核心价值观、企业宗旨、企业精神、企业理念、奋斗方向、社会责任观等。

核心价值观：诚信、责任、创新、奉献。

企业宗旨：服务党和国家工作大局、服务电力客户、服务发电企业、服务经济社会发展。

企业精神：努力超越、追求卓越。

企业理念：以人为本、忠诚企业、奉献社会。

奋斗方向：建设世界一流电网、建设国际一流企业。

社会责任观：发展公司、服务社会、以人为本、共同成长。

国家电网公司企业文化“四统一”之入眼，就是把这些核心的价值体系，通过各种方法和途径，达到人人感知、人人认知。

图 1－3　国家电网标识

统一形象标识：标识的球形设计显示国家电网公司作为特大型国有企业无限发展的美好前景，表达了国家电网公司员工无限宽广的国际视野和“建设世界一流电网、国际一流企业”的坚强信心；标识的圆形图案是国家电网公司集团内部、公司内外互动、协调、团结、和谐的象征，寓意在新的市场格局中，坚持“四个服务”的宗旨，公司与客户、员工、社会和谐相处、共同发展；标识中纵横交错的经纬线条代表了国家电网公司“经营电网”的核心业务，表示国家电网公司认准公司的社会定位，努力超越、追求卓越，为全社会提供安全、可靠、经济的电能及其优质服务；标识的标准色为绿色，代表国家电网公司为社会提供洁净能源，寓意国家电网公司持续发展、生机勃勃、基业常青。

企业文化是发展变化的文化，是企业在发展过程中形成的并为全体成员遵循的共同意识、思维方式、价值观念、行为规范及准则的总和，如图 1－4 所示。

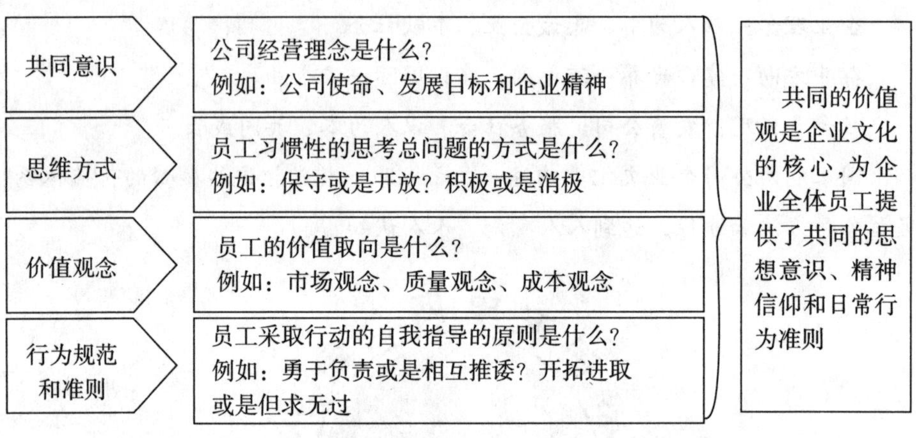

图 1－4　企业文化的内容

我们常说，企业文化与企业的规章制度刚柔相济，是维系企业永续发展的两大制胜法宝。如图 1－5 所示。

	企业文化	管理制度
管理性质	柔性管理	刚性管理
控制方式	以人为本，依靠人的自我控制和主观能动性	对人的行为进行外部控制
相互关系	积级的企业文化是企业制度的有益补充	合理的企业制度推动企业文化的良性发展

图 1－5　企业文化与管理制度

从管理哲学的角度看，企业文化的概念就是以文化为手段，以管理为目的的文化管理模式：汲取传统文化精华，结合当代先进管理思想和策略，为企业全体员工构建一套明确的价值观念和行为规范，提升公司管理水平。

那么，到底什么是企业文化？企业文化是在社会大文化环境影响下，组织在适应外界环境和整合内部的过程中获取，由少数人倡导并得到全体成员认同和实践所形成的价值观、信仰追求、道德规范、企业目标、管理制度、行为准则、传统习惯、经营特色、管理风格、外在形式等的总和。

企业文化发生作用的特点：文化对公司成员是一种“软”约束，而不是“硬”约束，它不会自动支配企业的资源来达成企业的经营目标；文化对外界的客户和社会产生间接的影响，对市场拓展以及市场营销活动起辅助作用。

企业文化发生作用具有“软性”的特点，不能用企业文化代替经营管理。尽管企业文化有若干作用和优点，但它仍然代替不了企业的经营管理和日常运作，在建设企业文化的过程中，公司决策层对此要有清醒的认识。

2. 企业文化的功能

企业文化是当今企业管理体系中最不可捉摸而又经常发出不和谐之声的“幽灵”。一方面我们震慑和憧憬于葛鲁夫（英特尔公司前首席执行官）大喊“企业文化是英特尔的核心竞争力”和西南航空高唱“对手唯一不能模仿的就是我们的文化”，另一方面我们又迟疑和迷惘于企业文化到底能起到多大作用以及如何让它起到作用。

总之企业文化似乎是一个只能看到结果却不知道过程、只可以意会不可以实实在在把握的“模糊”管理工具。企业文化作为企业构建核心竞争力的重要命题，是企业软实力的主要表现，为企业的持续发展提供“空气”，如图1－6所示。

由此，企业文化能在组织中产生6种力量：凝聚力、激励力、约束力、导向力、互动力、辐射力。

①凝聚功能：将个体凝结成高效统一的组织。

②激励功能：良性的机制催人奋进。

③约束功能：规范和约束组织、个人的行为。

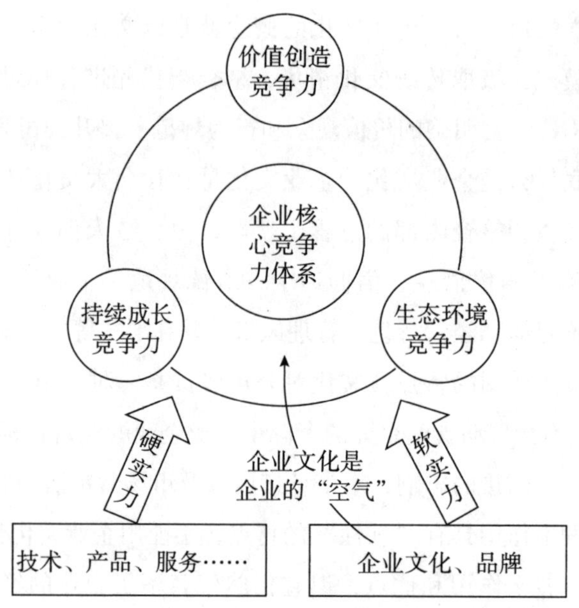

图1-6　企业文化为企业持续发展提供“空气”

④导向功能：对组织、个体的目标进行引导。

⑤互动功能：与组织中的硬要素互动，促进组织进步。

⑥辐射功能：能进一步地影响到同业、社区、社会等。

优秀的企业文化可对内平衡差异，对外展示风采，如图1-7、图1-8所示：

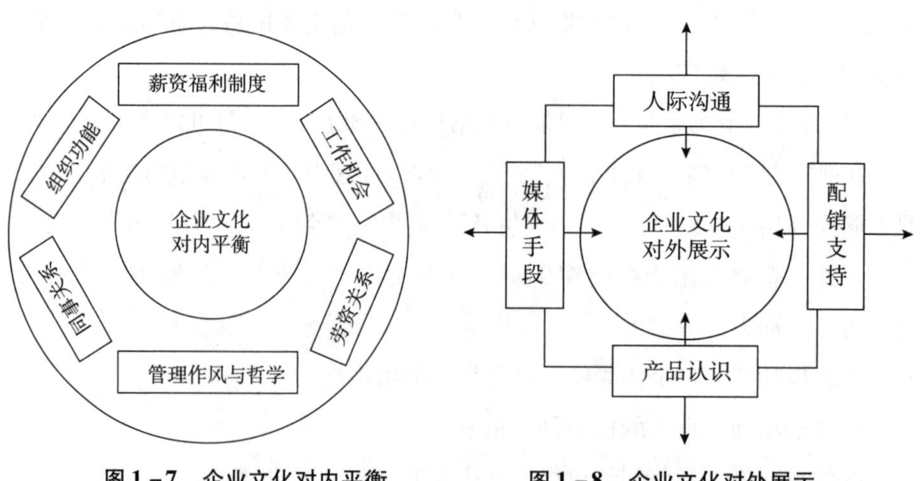

图1-7　企业文化对内平衡　　**图1-8　企业文化对外展示**

企业正式的政策与每位员工的想法和态度会有差异。

外界从媒介对企业的认识与从人际和产品获得的认识的差异。

古代圣贤老子说："天生万物生于有，有生于无。"有形的东西受无形的东西支配，在企业里这个无形的东西就是企业文化，一个企业能否发展，取决于其有无自己的文化。

海尔人说："我们在砌墙，我们在盖房子，我们在建一座神圣的教堂。"张瑞敏作为海尔集团的首席执行官，他把宗教的理念引进了企业文化。

美国一家报社记者问张瑞敏："你在企业中应该扮演什么角色?"张瑞敏回答："第一是设计师，在企业的发展中如何使企业结构适应企业的发展；第二应是牧师，不断布道，使员工接受企业文化……"

3. 企业文化的价值创造

上述功能是通过以下价值创造机理而来：

①管理成本降低。企业文化可以减少员工单独处理信息的要求，使员工经营活动集中于特定范围安排之中，减少决策成本，同时可以大大降低经营活动中的不确定性。

②组织机能完善。企业文化补充了企业正式的行政控制体系，减少了内部实施监督的成本。

③减少不协调。企业文化弱化了企业内个人偏好的倾向，而这种倾向有可能使得步调不一致。

4. 企业文化建设的力量

面对日益激烈的市场竞争，企业迫切需要塑造优秀的文化来激发人，提升企业活力。

以强制来达到管理目标的刚性管理是迫不得已的下下策，企业更应该倡导一种文化管理，以员工内在自省、自觉、自律作为内心的激励力，让员工忘记制度的束缚，促使员工超越标准、超越自我。如图 1 –9 所示。

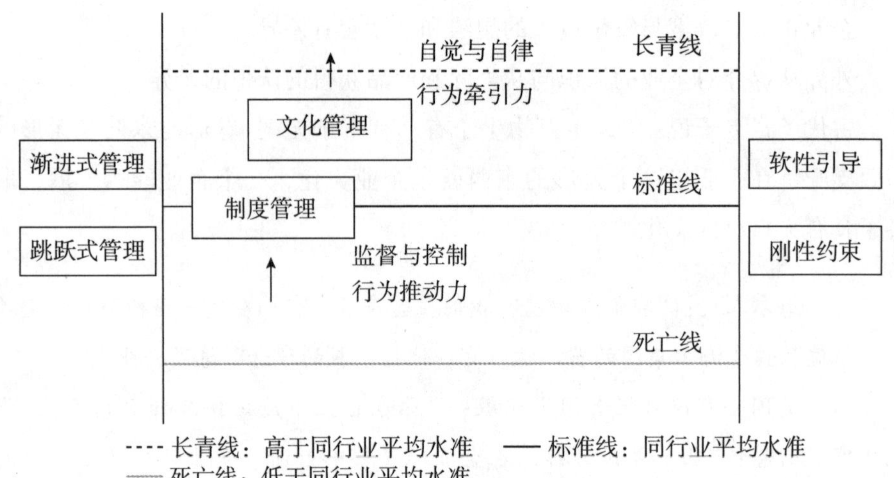

图1-9 企业文化建设的力量

管理专家科特通过11年的文化考察得出结论：凡是重视企业文化因素特征（消费者、股东、员工）的公司，其经营业绩远远胜于那些不重视企业文化建设的公司。如表1-1所示。

表1-1 重视企业文化与否的公司对比 单位：%

绩效差异比较	重视企业文化	不重视企业文化
总收入平均增长率	682	166
员工增长率	282	36
公司股票价格增长率	901	74
公司净收入增长率	756	1

然而我们的研究表明创建企业文化的行动有两大普遍遭受忽视的关键：

①企业文化是战略，而不是战术。它基于组织和人力资源的战略运营，企业文化能够产生可度量的竞争优势（这一点可以匹敌其他任何一种战略），尽管这种优势常常难以在短期完整地发挥出来，但企业文化缺乏战略性安排不能对企业重大问题进行表决却是当今的“文化疲软”通病。

②企业文化必须有感知性的安排（必须强调执行）。以前企业文化运作的误区在于执迷不悟于神秘的“价值观”（这是“口号派”的真谛）、津津乐道于无所不包的“文化手册”（这是“红宝书派”的资本），都是典型的“飞天

式”，不重实施的结果必然是不能实施，企业文化也在惊天动地之后变得虚无缥缈最终归于沉寂。

下面看一个案例。

中国石油化工集团公司企业文化建设纲要

为深入贯彻落实科学发展观，充分发挥企业文化在塑造中国石化特色管理模式、提升员工队伍素质、推进公司持续有效和谐发展中的重要作用，特制定本纲要。

一、加强企业文化建设的重要性和紧迫性

当今世界正在发生广泛而深刻的变革，文化越来越成为增强凝聚力和创造力的重要源泉，越来越成为综合国力竞争的重要因素。先进的企业文化是社会主义先进文化的重要组成部分。加强集团公司企业文化建设，是深入贯彻落实科学发展观，实现发展战略目标的必然要求；是发挥党的政治优势、加强精神文明建设的有效载体；是塑造中国石化特色管理模式、培育核心竞争力的重要举措；是造就高素质员工队伍、促进人的全面发展的重要途径。通过加强企业文化建设，进一步增强企业的凝聚力和竞争力，为发展社会主义先进文化、全面建设小康社会做出更大的贡献。

集团公司及所属各单位在长期实践中积淀了丰厚的文化底蕴，继承、培育和发展了各具特色的企业精神、优良传统和作风，在内强素质、外塑形象等方面发挥了积极的作用。当前集团公司正处在更加注重管理创新、科学发展的新阶段，为实现新的发展目标，迫切需要进一步加强和规范企业文化建设，特别是要尽快建立集团公司统一的企业文化体系，加大整体推进企业文化建设的力度，促进各单位企业文化建设协调发展，探索适应国际化经营需要的跨文化管理，更好地发挥企业文化对持续有效和谐发展的引领和支撑作用。

二、企业文化建设的指导思想和基本原则

（一）指导思想

以马列主义、毛泽东思想、邓小平理论和“三个代表”重要思想为指导，

深入贯彻落实科学发展观，按照建设社会主义核心价值体系的要求，在继承石油、石化优良传统和作风的基础上，积极吸收借鉴国内外现代管理和企业文化的优秀成果，不断培育核心价值理念、加强制度文化建设、提升企业形象，建设具有鲜明时代特征和中国石化特色的企业文化，为推进中国石化持续有效和谐发展提供文化支撑和精神动力。

（二）基本原则

1. 源于实践，指导实践

坚持从企业发展的生动实践中提炼具有文化特征的理念和精神，用先进的企业文化指导、服务和推动企业发展的新实践。

2. 继承传统，注重创新

坚持从企业发展的历史积淀中继承和发扬优良传统，结合时代发展的要求，汲取国内外先进文化的新鲜养分，与时俱进，持续优化和丰富企业文化的内涵。

3. 突出共性，兼容个性

坚持集团公司企业文化的统一性，尊重不同企业的差异性，培育和塑造符合企业实际的特色文化，实现集团公司共性文化与企业个性文化的有机融合、相得益彰。

4. 全员参与，共同建设

坚持把以人为本作为企业文化建设的切入点和着力点，依靠全体员工的学习、实践、塑造和传播，共同建设和发展企业文化。

三、企业文化建设的主要任务

（一）培育核心价值理念

价值理念是企业文化的核心和灵魂。培育核心价值理念，并引导全体员工认同和自觉奉行核心价值理念，是加强企业文化建设最为重要的任务。

1. 企业宗旨

中国石化以“发展企业、贡献国家、回报股东、服务社会、造福员工”作为企业宗旨。

发展企业——始终把发展作为第一要务，不断做强做大主业，提高发展质量和效益，努力增强国际竞争力，实现永续发展。

贡献国家——牢记国有骨干企业的责任和使命，不断加快发展、创造财富，努力为维护国家能源安全、增强综合国力作贡献。

回报股东——致力于资产保值增值，以良好的业绩回报股东，努力保障股东稳定而长期的利益。

服务社会——致力于以安全、清洁的方式提供产品和服务，积极参与社会公益事业，服务社会发展。

造福员工——坚持以人为本，维护员工合法权益，积极为员工的全面发展创造条件，共享企业发展成果，实现员工同企业共同发展。

上述五个方面的有机统一，体现了国家、股东、企业与员工利益相协调，当前与长远发展相协调，企业与社会、环境相协调，是集团公司生存发展的意义所在和自觉追求。

2. 企业愿景

中国石化以“建设具有较强国际竞争力的跨国能源化工公司”作为企业愿景。通过不懈努力，使公司的产业结构、资产结构更加合理，主业经营规模、赢利能力、创新能力明显提升，国际化程度明显提高，人才队伍结构合理、素质优良，企业凝聚力、竞争力明显增强，跻身世界能源化工公司前列。

3. 企业精神

中国石化传承、丰富和弘扬“爱我中华、振兴石化”的企业精神。

以“爱我中华、振兴石化”为精神支柱、力量源泉，顾全大局，勇担重任，爱岗敬业，奋发图强，努力创造一流的业绩和水平，不断发展和振兴中国石化的能源之业、石化之业、跨国之业。

4. 企业作风

中国石化继承和发扬“精细严谨、务实创新”的优良作风。

精细严谨——以严格的要求和一丝不苟的态度，追求生产上精耕细作、经营上精打细算、管理上精雕细刻、技术上精益求精，努力提升经营管理水平。

务实创新——始终当老实人、说老实话、办老实事，脚踏实地，艰苦奋斗，务科学之实、发展之实、作风之实，与时俱进，勇于创新，敢于超越，努力创造卓越业绩。

5. 经营理念

中国石化以“诚信规范、合作共赢”作为企业经营理念。

诚信规范——以信用立企、制度治企作为企业的立身之本和发展之基，坚持以诚相待、重信守诺，认真负责、规范运作，做到言必行、行必果，有法必依、有章必循。

合作共赢——以开放、合作作为持续发展的必由之路，坚持互相尊重、包容并蓄、取长补短、精诚合作，遵循和尊重业务所在国（地区）法律法规、文化习俗，汲取、融汇合作方的优秀文化和先进经验，做到企业与利益相关方合作发展、互利共赢。

在遵循集团公司核心价值理念统一性的基础上，各单位可结合实际培育具有自身特点的经营管理等理念，更好地发挥企业文化的引导、凝聚和激励作用。

（二）加强制度文化建设

制度文化建设是企业文化建设的重要内容，是践行核心价值理念、提升企业管理水平的内在保障。

1. 促进价值理念与管理制度的融合

以塑造中国石化特色管理模式为目标，遵循集团公司核心价值理念，对规章制度，特别是岗位责任制、HSE（健康、安全、环境管理体系）、内部控制、绩效考核等制度进行全面梳理、修订和完善，将价值理念融入管理制度中，转化为员工的自觉行动。

2. 营造遵守规章制度的良好氛围

坚持依靠规章制度管理企业，切实做到有章必循、违章必纠。各级管理人员要以身作则，带头遵章守纪，强化规章制度的严肃性、权威性，营造人人尊重制度、遵守制度、维护制度的良好氛围，提高规章制度的执行力。不断完善和推行《员工守则》，以共同的行为准则引导和规范全体员工的行为。

（三）提升企业形象

企业形象是企业文化的外在表现。塑造中国石化统一的企业形象，有利于提升中国石化的认知度和美誉度。

1. 统一形象标志

规范使用集团公司统一的形象标志，不断提升“中国石化”“SINOPEC”形象标志的价值和影响力。集团公司《形象识别手册》由归口管理部门负责修订、完善和推广，总部和所属各单位严格按照有关规定规范使用，切实维护集团公司的整体形象。

2. 加强品牌管理

加强集团公司品牌战略研究，规范品牌、商标的使用与管理，充分发挥中国石化品牌及组合品牌的市场影响力和辐射力。集团公司品牌由归口管理部门负责规划、整合、宣传和推广，总部和所属各单位严格按照有关规定规范使用。依靠全体员工良好的素质、优质的服务和自觉的维护，不断提升中国石化品牌的价值和商誉。

3. 履行社会责任

在推进企业发展的同时，通过保障供应、安全生产、节能减排、公益活动等多种方式，切实履行企业公民特别是国有骨干企业应尽的社会责任，努力塑造社会广泛尊重的公司形象。

4. 注重形象宣传

加强企业形象的正面宣传，提高突发事件的新闻处置能力，积极引导社会公众对中国石化的认知、理解和支持，营造良好的社会舆论环境。

四、企业文化建设的组织实施

集团公司企业文化建设是一个长期的过程，需要遵循企业文化建设的规律，循序渐进，持之以恒，逐步深化推进。

（一）实施步骤

1. 宣传推广阶段

用一年左右时间，重点宣传贯彻集团公司统一的核心价值理念，增强员工的认同感、荣誉感和责任感；完善有关规章制度；修订集团公司《形象识别手册》。

2. 整体推进阶段

用两年左右时间，重点推进集团公司共性文化与企业个性文化的融合，形成比较完整的集团公司企业文化体系；建立起统一的制度体系；着力规范品牌、商标的使用与管理。

3. 巩固提高阶段

用较长一个时期，丰富完善集团公司企业文化内涵，培育建设一批企业文化建设示范点，构建企业文化建设的长效机制。

（二）形式载体

注重开展主题鲜明、形式多样的企业文化实践活动，积极利用富有时代感、表现力强的载体传播企业文化。通过开展评先创优、选树典型，编写《企业文化手册》《员工守则》、企业文化培训教材、企业文化故事，修订规章制度，编辑企业史志，制作企业发展视频资料等方式，发挥内部媒体、培训中心、荣誉室、展览馆、“职工之家”等文化阵地和文联、体协等群众组织的作用，广泛宣传集团公司企业文化内涵，引导员工自觉实践企业文化理念，将企业文化植根于员工的思想，转化为员工的行动。同时，以优质的产品、服务和负责任的行为等为载体，把中国石化特有的“人格”展示给市场、呈现给社会。

（三）保障措施

1. 组织保障

各企事业单位要加强企业文化建设的领导，统筹各方面力量，落实相关企业文化建设工作，形成企业文化主管部门组织协调、各职能部门分工落实的工作体系。各企事业单位党政主要领导是企业文化建设的第一责任人。

2. 机制保障

完善企业文化建设的运行机制，建立分工明确、运转协调的责任体系，保证企业文化建设有序开展。完善企业文化建设的考核评价机制，促进企业文化建设有效开展。完善企业文化建设的交流机制，互相学习借鉴企业文化建设的优秀成果，推动企业文化建设深入开展。

3. 人才保障

通过学习培训、岗位实践等方式，加快培养企业文化建设骨干人才，提高企业文化建设工作水平。

4. 资金保障

企业文化建设所需费用纳入企业年度预算，为企业文化建设提供必要的资金支持和物质保障。

5. 缺失企业文化的症状

进行企业文化建设是实现企业基业常青的战略举措。无论是外部适应，还是内部整合；无论是战略支持，还是团队凝聚；无论是品牌宣传，还是战略宣贯，有志向的中国企业都应该进行卓有成效的企业文化建设。企业文化建设的作用如图 1－10 所示。

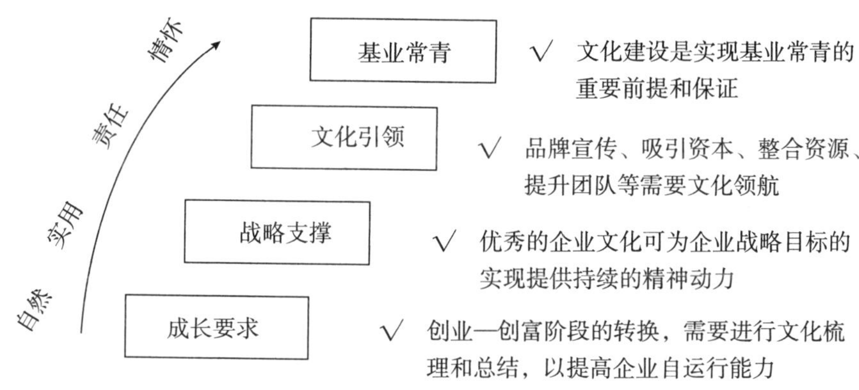

图 1－10 企业文化建设的作用

当前国内企业在企业文化建设方面面临一系列需要解决的关键问题。企业文化管理缺乏系统化：没有专门的文化管理职能和一系列相应的管理制度，使企业文化的更新和发展不能得到有效保证；企业文化管理偏于简单化：没有系统制定与企业发展战略相适应的一整套包括理念层、制度层和物质层的企业文化；企业文化形成比较主观化：没有发动广大职工参与，仅仅是依靠领导的思想和认识，不能完全反映企业员工的心声；企业文化推行陷入悬空化：由于动员与组织不充分，企业文化没有很好地深入人心，高层领导的思想、企业的发展目标不能有效地贯彻到基层……

缺少企业文化犹如“缺钙”，企业很难挺起自己的腰杆。

①中国许多“明星”企业很快成为“流星”企业。

②企业高层与中、基层难以达成共识并存在沟通障碍，管理者和员工只是抱怨存在的问题，而不去解决这些问题。

③企业在组织变革与流程再造过程中员工感到迷惘、迟疑而不愿跟进，导致变革成效不佳。

④企业文化理念与行为严重背离，说一套做一套，连员工都怀疑文化是否真实。

⑤中国企业的制度成本高、沟通成本高、控制成本高。

⑥企业分权分利就分心。

⑦尽管企业待遇很好，但仍然留不住优秀人才，同时留下来的也觉得自己怀才不遇。

⑧企业的业绩仅仅取决于企业家的抱负与追求，员工无足轻重。

⑨“部门主义”“山头主义”越演越烈，管理者只顾保护自己的地盘，而不去为了实现目标而携手努力。

⑩缺少执行力。

⑪人力资源系统发挥不了应有的作用。

⑫新的管理工具无法落到实处，如平衡计分卡和 TQM（全面质量管理）等。

⑬中国传统文化难以与先进的西方管理文化相结合。

⑭找到企业个性几乎不可能。

⑮员工缺乏第一推动力（甚至没有更多的员工对自身的提高负责），主人翁意识已经成为奢侈品。

⑯组织成员无法感受到文化的魅力，公认企业文化部门是形同虚设。

⑰企业文化永远漂在空中，无法对经营起到看得见的作用，反而增加了管理者用错人的频率。

⑱运动式的全员参与实际还是貌合神离。

⑲灌输式的、领导挂帅式的、党政工团一起“抓”式的企业文化收效甚微。

⑳文化与战略、运营、人力资源没有相互支撑的可能。

㉑人心涣散，歪风坏风任意滋长，替罪羊效应、“踢猫”效应等现象频现。

试想一下，如果我们的企业缺失文化会怎样？我们以缺失文化后企业中常见的替罪羊效应为例，通过宋联可工作室的原创漫画《菜鸟 COCO 职场成长记》的《总是受气》这一集看看我们的员工将在什么样的环境下工作。

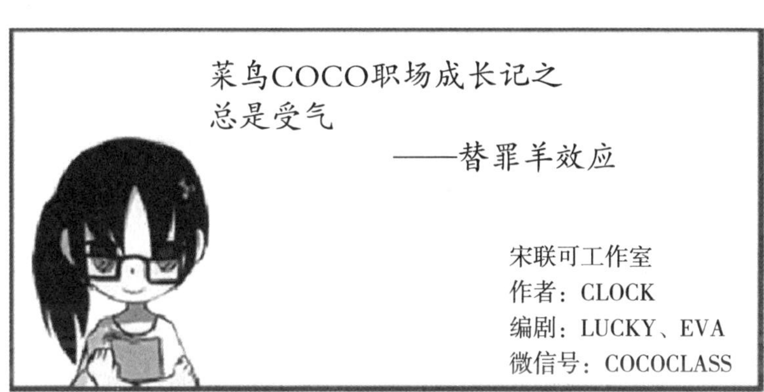

穿得真有创意，活的真有勇气！
…
人家有的是背景，而我有的只是背影。

看什么看？都怪你做事慢，害我没时间约会，又失恋了！呜呜……
月老，能不能别再用劣质的线，
隔三差五就断。

我就是一张IP卡，走哪都要挨批评！
那你要去找找原因啊。
小时候，我拿玩具当朋友；
现在，朋友拿我当玩具。

知道『替罪羊理论』吗？意思是……
人生多一份挫折，就多一份人生的感悟；
人生多一次跌打，就多一条抗争的经验。

小贴士：

替罪羊效应：

因某事物而引起的强烈情绪和冲动不能直接发泄到这个对象上去时，就转而移到另一个对象上去。人们把替罪羊引起的心理效应现象，称之为替罪羊效应。

产生的原因："替罪羊"的软弱性，"替罪羊"的进攻性，"替罪羊"的易骗性，"替罪羊"的远距性。

以上这些问题，集中体现为企业文化建设的"四个关键命题"：固化成功的发展经验，解决发展中的难点，引进面向未来的理念，建立新型企业文化；企业文化如何有效转化为团队、员工与企业组织的文化；墙面上的、理念性的文化如何渗入核心业务与管理流程；浅层文化"包装"或活动如何转化为基于系统思考的"模块化"建设。企业文化建设的"三化"如图1－11所示。

图1－11　企业文化建设的"三化"

第二节　企业文化结构的三大层次

海尔CEO（首席执行官）张瑞敏指出："我们将企业文化分为三个层次，最表层的是物质文化，即表象的发展速度、海尔的产品、服务质量等；中间层是制度行为文化；最核心层是价值观，即精神文化。"海尔人以创新为价值观，构建了先进的精神文化，包括海尔理念、海尔精神、海尔作风和海尔目标等；以此为核心构建了制度行为文化，如"OEC管理法""SST市场链机制"和"6S大脚印"等管理法则；在此基础上则构建了现代文明的物质文化。

心派企业文化主要分为三个层次，即表层文化、浅层文化和深层文化。表现为物质层、制度层、精神层，如图1-12所示。

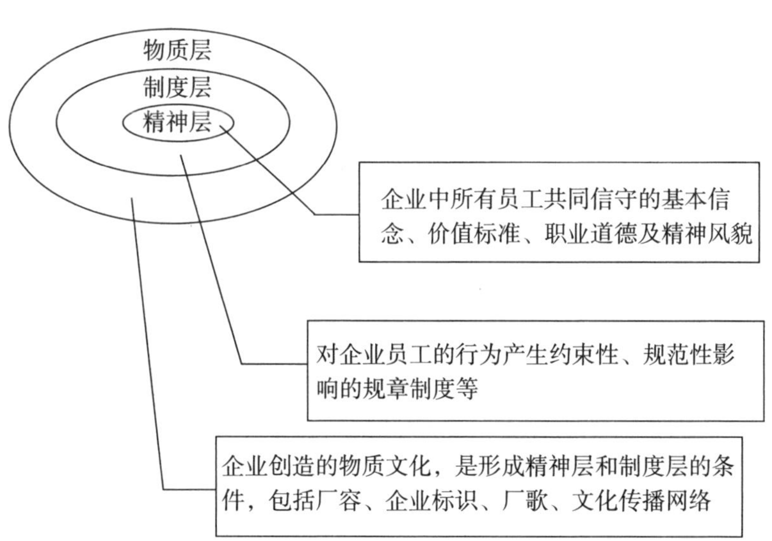

图1-12　心派企业文化的三个层次

心派企业文化的三个层次紧密联系、相互作用，如图 1－13 所示。

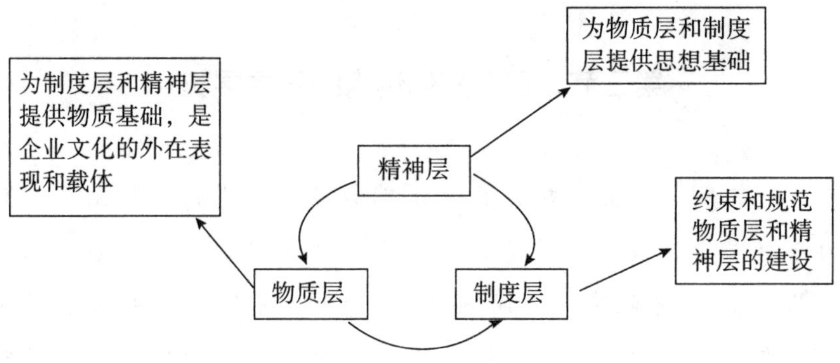

图 1－13　心派企业文化三层次的关系

心派企业文化的核心层是精神文化，它是无形的，即务虚；企业文化外层是制度、物质文化，包括公司所有的规章制度，员工行为规范要求，看得见的工装厂服形象标识以及公司的工资福利待遇等，它们都是有形的，即务实。

在企业培训中，很多朋友会问我一个问题：企业管理是该务虚，还是该务实？

图 1－14　务实与务虚

光务虚肯定是愚弄员工，叫愚民政策，不可取；光务实却是误导员工，一切往钱看，结果是员工一味地跟公司谈价钱，讲条件，唯利是图，自私自利，叫误民政策。因此，光务实也不可取。企业管理既要务实，也要务虚，两者缺一不可！根据“阴阳反成大道”思想，请看图 1－14。

管理中务实与务虚，两者的关系不是谁先谁后、谁有谁无，也不是谁大谁小；而是你中有我、我中有你、互动互补，也是相辅相成、相反相成的。

1. 精神文化

精神文化是企业文化的核心，它是企业在经营过程中，受一定的社会文化背景、意识形态影响而长期形成的一种精神成果和文化观念。精神文化包括：

①企业的基本战略：企业的愿景、企业的经营领域、企业的成长方向、企业的竞争优势、企业的战略成功保证。

②企业的价值观体系：总体价值观、对股东的价值观、对顾客的价值观、对员工的价值观、对合作伙伴的价值观、对社区的价值观、对公众的价值观。

③企业的行为方针：创新方针、质量方针、服务方针、团队方针、人才方针、资源方针、管理方针、绩效方针。

2. 制度文化

制度文化是精神文化的制度性体现。制度文化包括：

①领导体制，包括领导方式、领导结构、领导制度。

②组织机构，包括正式组织结构、非正式组织。

③管理制度，包括常规管理、例外管理。

3. 物质文化

企业文化结构的三大层次：企业员工创造的产品和各种物质设施等构成的器物文化；产品、质量、设计、服务；厂容厂貌、设备设施、厂房建筑以及生活娱乐设施。

精神文化是务虚的部分，而制度文化和物质文化是务实的部分。

遗憾的是，中国市场经济走过30多年来，企业经营管理务实的部分一直没有松懈过，而务虚部分却几乎就没有被重视过。过去的几十年来，我们是穷得叮当响，全力抓物质文明建设没有错。今天，温饱已经不再是问题了，如果我们还不及时将精神文明建设补起来，就不仅仅是误民了，而是把自己都给误进去了。导致的管理困惑是：整个团队做起事来没态度、没状态！

先看没态度，这是很多企业的致命内伤。员工总是会这么想：反正为老板做，为公司做，为主管做，我是打一份工的，有活干我就干，没活干更好，反正工资少不了，做一天和尚敲一天钟；甚至出工不出力，就算出力也不用心，做起事来心不甘、情不愿，整天跟老板搞内耗，还怪公司：谁叫公司不加工资……

再看没状态。什么是真正的状态？在部队，一位连长接到上级命令，要攻下六号高地，他肯定会信心十足地告诉战士："兄弟们，今天我们一定要攻下六号高地！"这样，首先是士气鼓舞了大家。

可是，在企业里面，我们却经常看到这样的现象，销售部李经理本月销售目标达成200万元，而李经理连自己都没有信心，回到部门，面对下属的时候，他就会犹豫："今天接到上级指标，要我们本月达成200万元的销售目标，伙伴们，我们能拿得下来就拿，拿不下来就算了。"要是这样的士气，能达成目标吗，能打胜仗吗？很难。就算达成目标，也是侥幸。

有的主管更加过分，直接跟老板唱反调："老板站着说话不腰疼，200万元，他倒是说得轻松，也不管我们死活，伙伴们，我们能拿得下来就拿，拿不下来就算了。"这样的主管，你怎能指望他带好部门？就更加别指望他能战胜困难、完成更艰巨的任务了。

在企业中，此类的管理困惑俯拾皆是。如何破解这些困惑？我们不妨看看前辈是怎么做怎么说的。

在"CCTV中国经济十年十大商业领袖"的颁奖庆典礼上，张瑞敏接受记者采访时说："我在多年的企业管理中体会到，企业资产表中的有形资产都不能增值，真正能让资产增值的是人力资源这个无形资产。如果把人力变成资源而不是负债，企业一定会充满活力。凡是能够永续经营、充满活力的企业，都会注重发挥人的积极性，而发挥人的积极性，必须靠企业文化。"

在这段话中，张瑞敏所说的"企业文化"，指的是企业文化的核心层——精神文化，即务虚的部分。精神文化是任何一家企业的灵魂。它在企业管理中有多重要，从下面两个地方的故事，便可见一斑。

第一个地方房子装修得豪华漂亮，电脑、电话等现代办公设备样样齐全，人们在里面穿戴整洁，忙忙碌碌辛勤工作，并一直在尝试着各种科学的管理……在这里，老板给人们发工资、奖金、福利……可是，我们却很少听到有人感激发工资的老板，感激带头的主管；这里的人们总是感觉自己做得多，拿得少；这里的人们总是有很多冲突和矛盾；这里的人们总是觉得苦恼和痛苦……这个地方就是我们每个人所处的公司。

第二个地方没有现代化的房子，没有现代化的装修，也从来不用去招工和招聘，可是来这里的人是络绎不绝，而且来的时候还带着庄重、虔诚的感情，礼貌地行走，庄重地说话；这里也没有条件给人发工资和奖金，可是人们不但不索取钱财，还毫不犹豫地施舍钱财；这里也没有什么花样翻新的科学管理，可是人们还对这个地方顶礼膜拜……这个地方就是寺庙。

为什么这两者间会有如此大差别呢？根本原因是人们的精神与信仰。

一代管理宗师彼得·德鲁克说过：“任何组织，如果没有共同的精神追求和信仰，就只能是一群乌合之众，工作就会变成一种折磨。所谓的科学管理，最多也是延缓死亡的‘安慰剂’。”

第三节　企业文化创建准备

很多企业在出现问题的时候，会将原因归结为市场变化快、制度不完善、战略执行不到位、员工不团结等。其实，这些原因的本质都是企业的文化没有搞好。在企业里，文化是一种无形的东西，但是它对企业的发展起着潜移默化的作用。是否具备优秀的企业文化，决定了企业经营的各个方面。

企业文化虽然无形，但是它不是一个说不明、道不清的东西。我们对馒头都有鲜明的印象，那么馒头是用什么做成的呢？很多人都会这样回答：“当然是由面做成的了！”但实际上，和面的时候，面里要加水。

做馒头与做企业有很多相似的地方。面是做馒头的基本材料，馒头的口味很大程度上取决于面的品质。对于企业来说，面就是企业的战略、组织、制度、成员、生产线等具体可见的东西。企业的经营效果如何，很大程度上也取决于这些因素是不是合理。如果一个企业战略合理、组织高效、流程顺畅、制度完善，则基本上能够保证企业的品质。

我们吃馒头的时候不会想到水，但是没有水，面不能凝结，馒头也做不出来。水对于企业而言就是价值观、学习氛围等无形的东西，概括起来就是企业的文化。企业文化渗透在企业的每一个环节，虽然无形，但是起着至关重要的作用。企业的一切，靠的就是文化的凝结。

一提到企业的竞争力，人们马上想到的可能就是产品的质量和技术的领先，而很少有人顾及企业的文化建设。事实上，企业的文化建设表面上看是“务虚”的，但实际上却是有着其实实在在的作用。一个企业如果不注重企业文化的建设，那就好比是一个人不太重视维护自己的声誉，久而久之，人们对他的信任感就会逐渐地消失。而且，一个企业如果没有文化的支持，也就不会赢得市场的长期认同。同样，要想缔造一个有广泛影响力的企业，如果不重视企业文化的建设，那愿望也只能是海市蜃楼。

联想就是一家非常注重文化建设的企业。20 世纪 90 年代之前，联想处在求生存的阶段，它主要通过代理、服务等手段积累资金。这个时候，联想提出了“不看过程看结果，不看苦劳看功劳”“质量是生命，用户是皇后”“信誉比金子还贵”等口号，联想的文化主要体现在以目标为导向的创业文化。

1990—2000 年，这 10 年是联想创立自主品牌的阶段，它成功打造了“联想电脑”这个金字招牌。2000 年联想集团实现销售收入 284 亿元人民币，跻身全球电脑十强。这个阶段联想以 1990 年通过的《联想集团管理大纲》为标志，进入规范化管理阶段。它开始倡导“求实、进取”的管理文化。柳传志在 1996 年总结出了著名的“管理三要素”。到 20 世纪 90 年代中后期，联想迅速发展扩张。公司要把更多的人组织起来，需要强有力的规则和流程，基于这个原因，杨元庆提出了“认真、严格、主动、高效”的“严格文化”。但是这种过于严格的文化使得公司缺少活力，1999 年联想开始推行“亲情文化”，最典型的例子就是当年 9 月，杨元庆举着“请叫我元庆”的牌子迎接新员工。

从 2000 年开始，联想的发展进入一个新阶段，它开始追求在 IT 领域的多元化发展。为了适应公司新发展的需要，2000 年公司的“亲情文化”概括为“平等、信任、欣赏、亲情”。公司在 2001 年又重提“创业文化”，提倡创业企业管理。2002 年，联想倡导以客户体验为主的“服务文化”，追求“精细化管理”；到了 2003 年随着越来越多的高级人才加入联想，联想文化中又加入了“包容、尊重、沟通”的要素，从“无障碍沟通”发展到“朋友式沟通”。

杨元庆在一次会议上总结说：“联想最大的特点是学习型企业，不断地完善自己。外人感觉联想文化比较硬，实际上，细细品的话，它也在不断完善，软的成分在增加。这个社会最基本的法则就是适应，我们要做多元化，要做产品和服务，要做技术创新，没有在文化上的变化是不可能的。”

事实上，联想就是在不断地学习和进取中形成了独特的企业文化，从而推动公司的发展。

创建企业文化的难度在于，你面对的似乎是看不见摸不着的“空气”，如果没有一系列精心设计的可视化流程，你将无法与“隐身”对手作战，创建企业文化，首先做好准备工作。

真正的企业文化常常意味着企业本质层面的变动，不做好充分的准备无疑是拿企业的明天开玩笑。

1. 确定建设共识

确定企业文化建设的共识，需要企业内部从领导层到基层员工对企业文化的弊端有透彻的认识，并具备改变的坚定决心，企业文化建设才有可能成功，那种突如其来的热情只能让企业文化消逝得更快。

企业文化建设取得共识的基本流程如下：

①取得企业基本资料。

②访谈企业负责人与高阶主管，以了解企业目前遭遇的问题类型，并确认企业目前的改善需求与期望。

③沟通企业文化建设的观念、做法与应有的认识。

④了解高阶主管对进行企业文化建设的意愿。

⑤取得高阶主管支持的承诺。

要达成企业文化建设的共识，需要对企业文化做出战略性的检查，高阶主管要先关注文化战略问题（不要一开始就陷入文化的细节问题，这常常不利于就真正深远的问题达成共识）。

2. 创建项目小组

达成企业文化建设共识之后，应立即成立企业文化项目小组，其目的在于以切实负责而后从诊断到实施的所有具体事宜，小组是否精干得力是项目质量优劣的关键。

成立企业文化项目小组的流程如下：

①小组人数以 5 ~ 10 人为佳，且以中高阶干部为主。

②即使咨询公司介入也需要企业的内部成员。

③需包括对企业运营有相当了解程度的成员，特别是作业人员。

④明确是否需要设立未来企业文化机构，考虑具有创意与潜力的成员。

⑤选定资深人士为文化组长，负责文化建设及协调工作。

3. 拟订建设计划

企业文化项目小组成立之后，第一件要做的工作就是拿出一个通盘的工作计划。

一个完整的计划应包括下列内容：

①目的，背景问题，项目目标、范围，小组规章。

②专案计划书，工作项目，资源，产出，责任，进度计划，拟定执行预算。

③专案管理，报告体系，项目检讨，进度报告。

④变革管理，利害关系人及其权益，沟通计划，评估计划，调停计划。

4. 企业文化管理层研讨会

俗话说："火车跑得快，全凭车头带。"企业文化建设计划必须反映管理层的意愿和得到一致的理解。

管理层研讨会议程如表1－2所示。

表1－2　管理层研讨会议程

时间	议程
8:00—8:10	介绍出席者
8:10—8:25	发起陈述问题
8:25—9:30	介绍企业文化建设计划
9:30—10:00	对总体思路进行交流
10:00—10:15	休息
10:15—11:00	过去存在的企业文化问题
11:00—11:30	批评、检讨过去造成问题的根源
11:30—12:00	界定议题
12:00—13:00	午餐
13:00—14:00	讨论议题
14:00—14:30	优先级与目标
14:30—15:00	利害关系人
15:00—15:15	休息
15:15—15:30	企业文化项目小组的特点和组成人员
15:30—16:00	同意企业文化建设计划

5. 企业文化创建动员大会

光有领导者的行动承诺是不够的，如果没有员工的积极参与，企业文化则无法落实到每一天、每个人的每一件工作上去。要避免"皇帝新装"式的自欺欺人，企业文化建设必须发动群众，走群众路线。

第二章　企业文化诊断

心派企业文化强调以人为中心进行管理，在人、财、物诸因素中，人是首要因素，人应该成为企业管理的出发点和归宿点。

对内，要尊重员工、关心员工，千方百计调动员工的内在积极性、创造性。技术虽然重要，但要靠人去驾驭；效益虽然重要，但要人去创造。人应该成为企业家关注的中心、工作的重点。对外，要以用户为中心，关心用户，时时处处为用户着想，树立起“用户为王”的价值观。

富安娜公司2012年2月推出第二期股权激励计划，199名公司核心技术业务人员以及中层管理人员获益，分享共计295万份的股票期权。

2011年富安娜公司累计为“幸福1号”购房员工提供了2877万元的借款。根据员工的个人情况，林国芳夫妇为员工提供了30%～60%的借款，最高借款额度达120万元。

另悉，在首期“安居工程”落地后，富安娜将推出“千套计划”：每年将根据公司增长的速度以及员工个人积累情况，通过借款让更多的员工实现安家梦想。

优秀的企业文化是一个企业的灵魂，能够促进企业的发展。与之对应，一种消极失败的文化也能导致企业的消亡。

如果宋朝末年也兴盛市场经济，那么宋家王朝就是占据市场主导地位的龙头老大，江南的方腊算是一个集团公司，梁山兴起的水浒也算一个集团公司。我们通过“水浒集团”的企业发展进程，就能看出一家企业的文化对其到底有多重要的作用。

“水浒集团”的前身是白衣秀士王伦兴办的梁山泊家族式小作坊，后来晁盖强行注入资本，改名为“水浒集团”。在晁盖的领导下，该企业形成了“除暴安良”的梁山文化，而且他们提出了“杀富济贫、除暴安良”的企业使命，以及“有福同享、有难共当”的企业价值观。一时间“水浒集团”广招天下英雄，全国闻名。“大宋集团”都不得不采用各种手段来抵挡“水浒集团”的进攻。

为了“水浒集团”的进一步发展，晁盖不惜以重金招纳了“大宋集团”内部的职业经理人宋江。在“大宋集团”，宋江只是一个基层干部，但是他为人大方、善于交际，在江湖上混得很有名气。虽然他跳槽到了“水浒集团”，但是对“大宋集团”还是有很深的感情。晁盖病故之后，宋江接班成为该集团的第二任CEO。在宋江的带领下，“水浒集团”刚开始也算发展兴旺。但宋江抵不住“大宋集团”高官厚禄的诱惑，时时刻刻想着“水浒集团”能够被其并购。于是，他上任之后，进行了企业文化改制，建立起“替天行道”的奴才文化，而且打着“替天行道”的幌子提倡“忠孝义节”，积极为“大宋集团”的收购做准备。

这种文化只代表了部分领导的意愿，得不到员工的支持。林冲、武松等人更是极力反对并购，结果“水浒集团”的凝聚力下降。最终，“水浒集团”还是被“大宋集团”并购。并购之后，“水浒集团”的干部不断受到排挤和报复，死的死，出走的出走，最后“水浒集团”分崩离析，彻底垮掉。

“水浒集团”的兴旺发达，靠的是凝聚人心的“除暴安良”的企业文化，而它的衰败则是由不良的招安文化引起的。由此可见企业文化的好坏决定了企业竞争力的强弱。柳传志说过：“小企业做事，大企业做人。”企业文化就是企业的灵魂，如果一个人背离其灵魂就不能长远发展，一个企业背离了其文化也不能实现其愿景。

当今企业文化建设存在的最大问题就是根本不进行诊断或者不重视诊断，这一弊端使得企业文化一开始就缺乏真正的实证基础，后面也就只能是天马行空或人云亦云，这是企业文化被诟病为“空洞无用之物”的根源所在。

第一节　企业文化现状调查

周密的内外部企业文化现状调查，能够让我们掌握企业的第一手资料，从而对企业文化所面临的问题有透彻的了解。

市场调查经常被用于企业管理中，其作用是不言而喻的。通过调查，我们可以了解各种信息，做到心中有数，为客户提供定制服务。

JISH是位于美国华尔街的一家快速消费品卖场，具有上百年的经营历史。长期以来，JISH一直以交通便利、物美价廉而闻名华尔街。另外，JISH特别注重效率，这就大大降低了顾客的购物时间，迎合了华尔街繁忙的白领人士的消费需求。这些原因使得这家百年老店一直以来都是许多华尔街人士购物首选之地，每天进入卖场购物的客人络绎不绝。

可是在20世纪70年代，JISH店的销售业绩开始直线下滑，原本很忠诚的顾客许久都不来了，这使得这个百年老店遇到了难题。鲍比是这家店的老板，为了找出顾客数量下降的真实原因，鲍比找到了一家管理咨询公司。管理咨询公司的高级分析师杰克告诉他，应尽早做顾客期望值分析来寻找出顾客流失的原因，并帮助他设计了一份关于各类服务的重要性排序的期望值调查表。

鲍比把杰克设计的期望值调查表分发给来店里的顾客，同时还去寻找那些已经流失的顾客，请他们来填写这张表格。

几天之后，在店员的辛勤工作下，问卷全部收回了。经过分析，鲍比发现在顾客的期望值构成中，是否便于停车是顾客关注的一个核心问题，而JISH店并没有自己的停车位。JISH是一家百年老店，原先就一直没有停车位。随着经济的发展，顾客生活水平提高了，几乎都买了车，开车购物成为了新的消费模式，所以是否便于停车成了他们选择卖场的重要因素。通过调查得知，如果要到JISH来购物，他们就必须把车停到较远的收费停车场，不但浪费时间，而且还要额外支付一笔费用；而在别的有停车位的卖场，顾客就完全不需要担心这个问题。

鲍比找到了真正的原因。于是他决定在附近租一个地下停车场，由专人负责停车服务。这样顾客只要开车到卖场门口，停车服务人员就会帮助他们把车停好，而且是免费的。通过服务改进，JISH 店的许多老顾客又回来了。

从案例中我们可以看出，客户的信息可以为我们提供很多有价值的内容，从而有效地指导销售工作。而企业文化调查也有同样的功效，它可使我们及时发现企业文化现状中的问题，及时解决问题。

企业文化现状调查方法包括：

(1) 企业内部调研

①企业内部员工调研，包括高层访谈、中层座谈、基层问卷。

②收集企业内部资料。

在这个过程中，我们常常用到组织的生命周期理论，如图 2－1 所示。

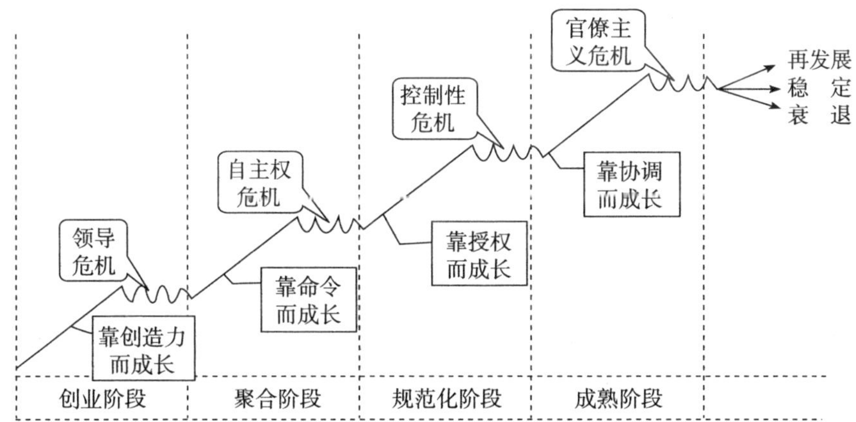

图 2－1　组织的生命周期

(2) 企业外部调研

企业外部调研，包括客户、公众、竞争对手、合作伙伴。

企业文化全面诊断，如图 2－2 所示。

工作目标	工作内容	工具与方法
● 系统梳理企业文化源流、现象和内涵，挖掘优秀的传统文化基因 ● 客观评价员工价值现状，了解员工心态 ● 分析企业经营管理现状对文化提出哪些新的要求，对于优秀文化基因应如何赋予更丰富的内涵 ● 探索文化整合和提升的有效路径	● 关键人员、优秀员工深度访谈，总结企业优秀传统文化 ● 召开座谈会，通过参加成员的脑力激荡宣传文化要素 ● 开展大规模问卷调查，对文化进行科学测量 ● 研究企业经营管理的重要文献，客观评估企业经营管理的现状主要问题 ● 实地走访分支机构与客户，感受企业文化及内外影响	● 四层次模型 ● 七要素模型 ● 文化逻辑图 ● 文化类型矩阵 ● 价值观诊断矩阵 ● 问卷调查法 ● 深度访谈法 ● 座谈会 **工作成果** ●《××企业文化调研报告》

关键词：访谈+座谈　问卷+调研　定性+定量

图 2－2　企业文化全面诊断

1. 精神文化调查

企业精神文化是用以指导企业开展生产经营活动的各种行为规范、群体意识和价值观念，是以企业精神为核心的价值体系。集中体现在一个企业独特的、鲜明的经营思想和个性风格，反映着企业的信念和追求，是企业群体意识的集中体现。

企业精神文化代表着企业广大员工工作财富最大化方面的共同追求，因而同样可以达到激发员工工作动机的激励功能。它包括企业哲学、企业精神、企业经营宗旨、企业价值观、企业经营理念、企业作风、企业伦理准则等内容，是企业意识形态的总和。如图 2－3 所示。

“以满足人民群众精神文化需求为出发点和落脚点，以改革创新为动力，发展面向现代化、面向世界、面向未来的，培养高度的文化自觉和文化自信，提高全民族文明素质，增强国家文化软实力，弘扬中华文化，努力建设社会主义文化强国”，这是党中央明确提出的深化文化体制改革、推动社会主义文化大繁荣、大发展的重要方针，更是加强企业文化建设、优质高效服务社会

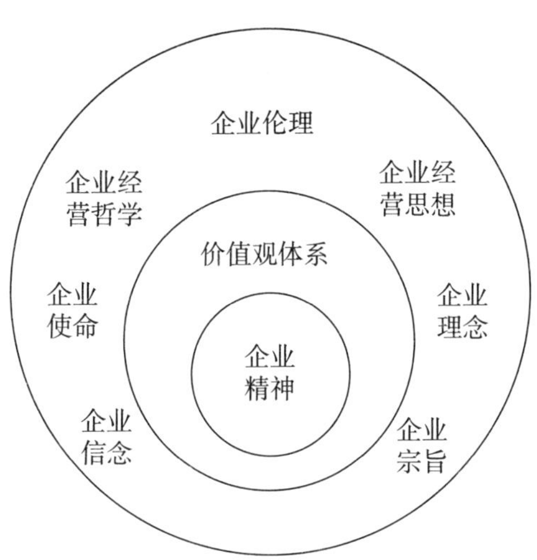

图2-3　企业精神文化

的行动指南。

企业精神文化调查的内容如下：

①几年的创业历程中，您认为对公司发展最重要的三件事是什么？

②在工作中，最令您难忘的一件事是什么？

③在工作中，您最受感动的一件事是什么？

④您认为对企业贡献最大的三个人是谁？

⑤他们最宝贵的精神是什么？

⑥他们对您最大的启发是什么？

⑦您认为公司发展必须具备什么样的精神（理念）？

⑧公司有什么样使命、目标能使您觉得您的工作重要？

⑨您希望成为一条“快乐的鱼”，把鱼市哲学应用到工作、生活、学习中吗？

⑩公司对您的工作要求清晰吗？您知道多少？

⑪您有做好您的工作所需要的材料、设备及相关资源吗？

⑫公司对员工的出色工作给予表扬吗？

⑬公司尊重员工的个性，有机会做自己擅长的事吗？

⑭公司主管及同事关心员工的个人情况，鼓励个人发展，与员工谈论其

个人的进步，让其在工作中有机会学习和成长吗？

⑮公司主管及同事经常关注您在工作中存在什么问题吗？有什么实际困难吗？给予您什么样的帮助和支持？

⑯公司存在建立一些不合理制度来管理少数较差的员工，反倒排挤优秀的员工吗？

⑰公司存在富有创新的员工因厌恶日益滋长的官僚主义和等级制度而辞职，公司的创造力减退的情况吗？

⑱公司存在着计较社会等级中的细微差异，而不是关注顾客、竞争对手与外部世界的变化的情况吗？

⑲公司能够营造一种平等的氛围，支持和保护员工讲真话，提出合理化建议，每个员工的意见受到重视吗？

⑳公司管理人员能有效平衡好员工的利益（发展）和公司的利益（发展）吗？

㉑公司员工能够有权参与公司的文化建设、目标、决策、制度、管理系统的制定吗？员工能够自主管理吗？

㉒公司的管理具有透明度吗？公司的信息系统能够让员工共享公司的经营价值观吗？

㉓公司关注员工培养和学习环境方面的成果吗？

㉔公司关注过程改善方面的成果吗？

㉕公司关注员工满意和社会责任方面的成果吗？

2. 行为与制度文化调查

行为文化也即规章制度，是一个团体、一个人的行为标准和规范。明确能做什么，应该做什么，不该做什么，并用制度的形式固定下来，成为广大干部职工日常行为所遵循的规则。

制度文化是人类为了自身生存、社会发展的需要而主动创制出来的有组织的规范体系。主要包括国家的行政管理体制、人才培养选拔制度、法律制度和民间的礼仪俗规等内容。是文化层次理论要素之一。

所谓文化层次理论包括精神文化、物质文化、制度文化。制度文化是人类在物质生产过程中所结成的各种社会关系的总和。社会的法律制度、政治制度、经济制度以及人与人之间的各种关系准则等，都是制度文化的反映。

企业行为与制度文化调查主要包括：

①是否成立了企业文化机构并指派专人进行负责？

②企业文化机构在公司中的地位如何？

③哪些人员接受过企业文化培训？培训的效果如何？

④有否聘请企业文化专家做企业顾问？

⑤现行的文化与创业时期的联系在哪里？

⑥现行的文化与企业家或者其他典型人物的联系在哪里？

⑦企业文化与日常经营活动有关联吗？

⑧企业文化与管理制度有关联吗？

⑨员工参与企业文化建设的热情和创造性如何？

⑩企业是否有专门的企业文化建设规划？

⑪是否存在能凸显文化的仪式和典礼（如展览活动、厂庆、旅游、文化论坛、传统文体活动等）？

⑫内部沟通管道畅通吗？

3. 物质与形象文化调查

企业物质文化也叫企业文化的物质层，是指由职工创造的产品和各种物质设施等构成的器物文化，是一种以物质形态为主要研究对象的表层企业文化。相对核心层而言，它是容易看见、容易改变的，是核心价值观的外在体现。

物质文化强调企业产品的质量。产品的竞争首先是质量的竞争，质量是企业的生命，持续稳定的优质产品，是维系企业商誉和品牌的根本保证。

以产品质量驰名于天下的奔驰汽车，充分体现了它所代表的产品的卓越品质。奔驰车的质量号称20万千米不用动螺丝刀。跑30万千米以后，换个发动机，可再跑30万千米。以卓越的质量为后盾，他们敢于播发这样的广告：如果有人发现奔驰车发生故障被修理厂拖走，我们将赠您1万美元。

奔驰之所以拥有如此高的品质，首先在于全公司范围内树立起品质至上的企业理念，使全体员工人人重视质量。他们的劳动组织是，把生产流水线作业改成小组作业，12人一组，确定内部分工、协作、人力安排和质量检验，改变了重复单一的劳动容易出现差错的现象，提高了效率和产品质量。奔驰公司特别注意技术培训，在国内有502个培训中心，负责对各类员工的培训。新招收的工人除了基本理论和外语的培训外，还有车、刨、焊、测等技术培训。结业考试合格才能成为正式工人，不合格可以补考一次，再不合格就不被录用。

奔驰公司要求全体员工精工细作，一丝不苟，严把质量关。奔驰车座位的纺织面料所用的羊毛是从新西兰进口的，粗细在23～25微米，细的用于高档车，柔软舒适；粗的用于中档车，结实耐用。纺织时还要加进一定比例的中国真丝和印度羊绒。皮面座位要选上好的公牛皮，从养牛开始就注意防止外伤和寄生虫。加工鞣制一张6平方米的牛皮，能用的不到一半。

奔驰公司有一个126亩的试车场，每年拿出100辆新车进行破坏性实验，以时速35英里的车速撞击坚固的混凝土厚墙，以检验车前座的安全性。奔驰公司在全世界各大洲设有专门的质量检测中心，有大批质检人员和高性能的检测设备，每年抽测上万辆奔驰车。这些措施使奔驰车名冠全球，使奔驰的品质文化深入人心。

企业通过产品、商品和广告等途径，在企业与消费者之间构造一个愉快关系的场合，一切营销活动，不过是构造愉快关系场合的中介。日本学者把“愉快关系的场合”称为“共生圈”，在这个“共生圈”内，企业依靠产品、商店和广告，向消费者传递信息，同时又从消费者需求和感受中捕捉信息的反馈，并根据反馈信息向消费者提出新的生活情境。

企业形象文化是企业文化的一个重要组成部分，是企业文化的展示和表现，是企业在社会或市场上的认知和评价。

企业物质与形象调查主要包括：

①有完整的 CIS（企业识别系统）设计吗？

②CIS 应用的效果如何？

③企业的环境体现了文化内涵吗？

④有自己的网站吗？具有文化特性和作用吗？

⑤有厂规、厂训、厂徽、厂歌等企业文化标志物吗？

4. 企业文化环境调查

企业文化建设环境分析，常用 SWOT 模型，如图 2－4 所示。

内部因素 外部因素	优势 企业家的文化自觉 已有的文化积淀 较强的领导力与执行力 期望中的企业成员	劣势 企业文化建设相对薄弱 企业内部文化冲突 内部文化沟通有效性较低 粗放式管理现象时有存在
机会 竞争环境更加简约 神华集团的文化支持 业务发展动力足，资源充沛	完善企业文化体系，充分发挥领导力与执行力，科学落实企业文化规划，满足员工的文化期望，争取更多的集团支持	正确应对内部多元文化局势，加强沟通，建立信任，设定文化工作部门与专职人员，加强培训，提高员工专业技能与综合素质
威胁 社会思想多元复杂 人们更加注重切实的短期利益收获	加强文化宣传与教育，树立企业中的文化典型，引导员工关注并重视在企业的长远利益	强化核心价值观的影响力，精细化人力资源管理，注重打造以结果为导向的绩效文化

图 2－4　企业文化建设环境分析 SWOT 模型

企业文化环境调查包括：

①竞争者或者竞争形势是否对企业文化存在影响？

②关键顾客或供货商是否对企业文化存在影响？

③流行的思潮是否对企业文化存在影响？

④企业的战略模式是否对企业文化存在影响？

⑤企业的运营模式是否对企业文化存在影响？

⑥企业的人力资源模式是否对企业文化存在影响？

第二节　5D 企业文化模型

1. 5D 性格模型

（1）5D 性格维度

各人格理论和性格测试的划分维度有一定程度的重合性，通常有以下几种分类方式：按照心理活动的心理机能划分性格的类型，即按照性格结构中认知、情绪、意志三种心理机能哪种占优势，可以将性格分为理智型、情感型和意志型；从心理活动倾向性上划分，性格可分为内倾型和外倾型等。通俗来说，即内倾—外倾、感性—理性两个维度，选取权威的人格理论进行性格分析维度的统计，其结果如表 2－1 所示。

表 2－1　　经典人格理论及性格测试的维度统计表

人格理论与性格测试	内倾和外倾	感性和理性
大五人格理论	●	
艾森克人格理论	●	
明尼苏达多相人格测验	●	
九型人格	●	●
荣格心理学	●	●
卡特尔 16 种人格理论	●	●

基于众多研究成果，5D 性格的划分维度采用传统维度，即内倾—外倾和

感性—理性两个维度，建立5D性格模型。

（2）5D性格类型

5D性格是根据5D模型划分出五类性格，用以分析不同性格人的思维模式与行为方式。

"5D模型"是"五类性格模型"（Five Disposition Model）的简称。"5D性格"俗称"我的性格""五行性格"。

5D模型，通过两个维度划分出五种性格类型。两个维度是：感性—理性；内倾—外倾。五类性格是：金、木、水、火、土。五类性格不同于传统五行，但又基于五行的核心特性。测试结果与五行无关，但性格定位与五行的基本属性密切相关。如图2-5所示。

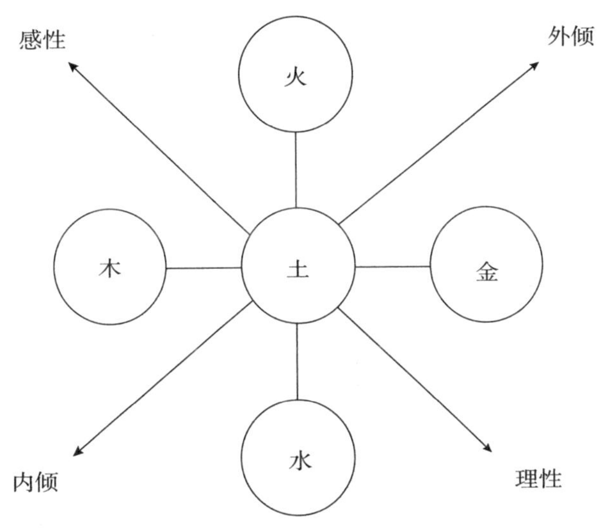

图2-5 5D模型

（3）5D性格描述

金性：充满活力、刚毅果断、自信心强、勇敢无畏、理性分析、喜欢新奇、愤世嫉俗、争强好胜、行动力强、追求成就。

火性：热情奔放、感情丰富、关注自我、冲动急躁、充满幻想、喜爱艺术、善于言辞、猜忌心强、彬彬有礼、粗心健忘。

木性：温顺和群、谦虚腼腆、固执坚持、脾气随和、实际现实、保守顺从、乐于助人、坦诚直接、遵守纪律、勤奋工作。

水性：沉默寡言、从容不迫、放松稳定、自我控制、善于分析、埋头实干、信任他人、精明机智、细心睿智、有上进心。

土性：温和平静、缓慢谨慎、容忍挫折、容易紧张、不喜改变、宽宏大量、诚恳谦虚、温厚善良、严格自律、坚定信仰。

（4）5D 性格应用举例：如何与不同性格的人交往

不同性格的人，他们的价值观、处世哲学、思维习惯等都有着诸多区别。没有一种交际方法是一直有效的，我们常常看到一个方法对一类人管用，对另一类人失效，也就是这个道理。

要想成为交际高手，最基本的一点是先了解你的沟通对象。5D 性格分析就是一个有效的工具，能够使你快速把握一个人最主要的性格特征，避开心理上的敏感区，找到融合点，轻松开始一场愉快的交流。

《菜鸟 COCO 职场成长记》是一个有趣的职场漫画集，其中有一集讲到菜鸟 COCO 想与不同的人做朋友，就电话请教她曾经的大学老师 LUCKY，LUCKY 老师通过分析 COCO 同事的性格给了 COCO 与同事们交往的建议。我们一起来看看这集宋联可工作室的漫画吧。

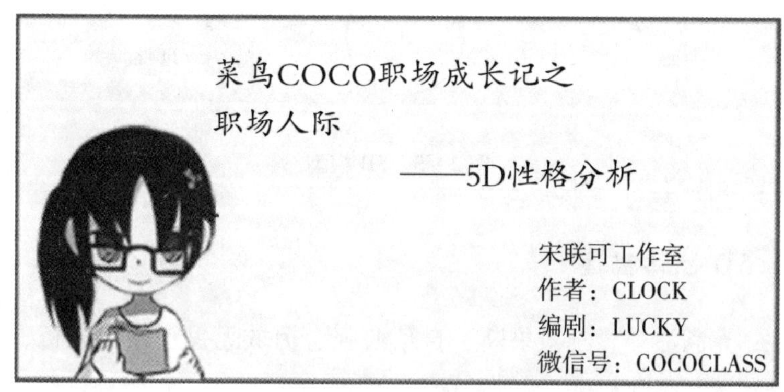

下班后…
Lucky老师，我想和同事处好关系，但他们都很不同，我总这么笨，有没有好方法？
想和不同的人相处，先要了解他们的性格。
不想变形的金不是好钢。

CoCo
我上司Rick，比较严肃，不怎么爱说话，但做事很干练，说一不二！
他是水性人，做事要求完美，所以对于交给你的事要求尽善尽美。
智者顺时而谋，愚者逆时而动。

市场总监Ken很酷，好胜心极强，工作狂一个。
他是金性人，工作能力强但愤世嫉俗，与他交往要刚正不阿、心态平和。
不要在智慧中夹杂着傲慢，不要让谦虚心缺智慧。

Happy姐性格豪爽，大大咧咧，还很幽默。
她是火性人，跟她相处要坦诚直接。
性情爽快的人朋友多，躯干笔直的木材用处大。

还有一个同事KIKI，性格腼腆，做事很慢，但脾气挺好。
他是木性人，是乐于帮助你的人，可以主动和他多沟通。
在欢乐时，朋友们会认识我们；在患难时，我们会认识朋友。

你是土性人，跟什么样的人都处得来，因为你容易理解不同的人。
那我呢，我是什么性格？
人与人，犹如星与星，不是彼此妨碍，而是互相照耀。

2. 5D 文化模型及案例

(1) 5D 企业文化模型

根据内倾—外倾、感性—理性两个维度将企业文化分为五个类型，分别为金文化、火文化、木文化、水文化、土文化，见图 2－5。

(2) 5D 企业文化特征

5D 企业文化量表参考权威量表组织文化评价量表（OCAI）的六个维度，也从主导特征、领导风格、员工管理、组织凝聚、战略重点、成功准则六个方面进行测试与分析。

每个方面，每类企业文化用两个四字词进行归纳，即每类企业文化用 12 个四字词描述其文化特征，如表 2－2 所示。

表 2－2　5D 企业文化特征

主导特征		组织凝聚	
火	充满活力、激情四射	火	推陈出新、文体活动
金	强调竞争、目标导向	金	自由发挥、公平竞争
木	控制严格、层级分明	木	共同指标、规章制度
水	强调学习、鼓励进步	水	集思广益、自我管理
土	树立信仰、包容大气	土	相互信任、共同信仰
领导风格		战略重点	
火	开拓创新、感情丰富	火	获取资源、寻找机遇
金	精力充沛、自信心强	金	参与竞争、外部合作
木	循序渐进、循规蹈矩	木	稳步经营、完善制度
水	指导培养、条理清晰	水	关注发展、重视效率
土	包容体谅、鼓励协作	土	制定目标、引导思想

续 表

员工管理		成功准则	
火	鼓励创新、自由开放	火	业绩导向、技术革新
金	提倡竞争、授权管理	金	品牌价值、高竞争力
木	无微不至、纪律严明	木	团队合作、员工忠诚
水	指导培养、条理清晰	水	强调效率、长远发展
土	包容体谅、鼓励协作	土	坚定信念、平衡关系

(3) 5D 文化应用举例：火文化公司的工作场景

我们可以通过宋联可工作室原创的一集情景剧，感受一下火文化的公司有哪些特征，这些特征又有哪些具体的体现。

Ray：这一年大家都干得不错，值得肯定。我特别想知道你们的领导风格？

Happy：我可不是吹牛啊，我既鼓励他们工作创新又在情感上给予关爱，他们的工作和生活都被我“承包”了，我们部门的年轻人都称我为“郭妈妈”。

Ray：的确，你对你的那群孩子爱护有加，大家都有目共睹！对于创新来说，方法就是新的世界，最重要的不是知识，而是思路。

Ray：黄瓜在于拍，人生在于嗨！大家都说说自己的工作方式？

Lucky：人到用时方恨少，所以我一贯用人大胆，用人方面我有的是招数，只有创新开放，才能人尽其用。

Cherry：本年度组织了几场内部联谊活动，每场活动的形式都不一样，也得到了参与者的肯定！其实我做事的风格就是推陈出新、不拘一格。

Ray：舌头比牙齿更长寿，软件比硬件更长久。创新是一个企业进步的灵魂！

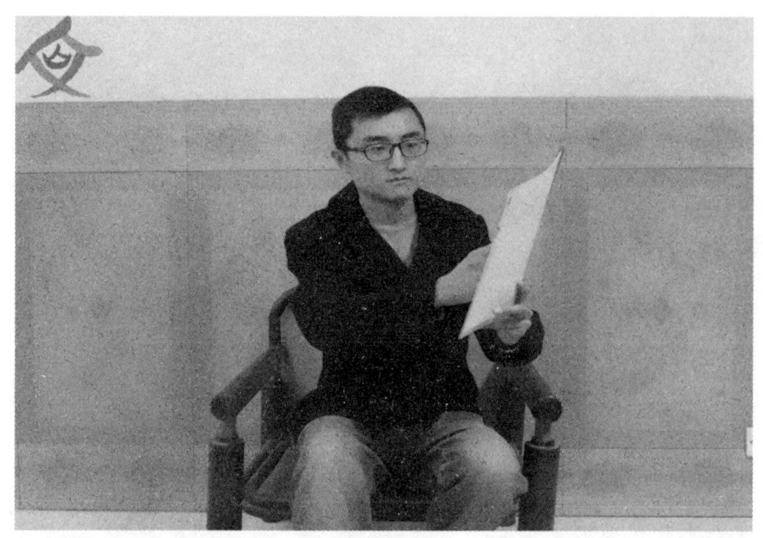

Happy：就拿我们10月份的这个大单子来说，我们团队齐心协力，通过各种渠道了解信息、寻找机遇，最终成功拿下！任何业绩的质变都来自于量变的积累。我为他们感到自豪！

Ray：是的！只有先声夺人、出奇制胜，不断创造新的体制、新的产品、新的市场和压倒竞争对手的新形势，企业才能立于不败之地。明年我们继续用业绩说话！

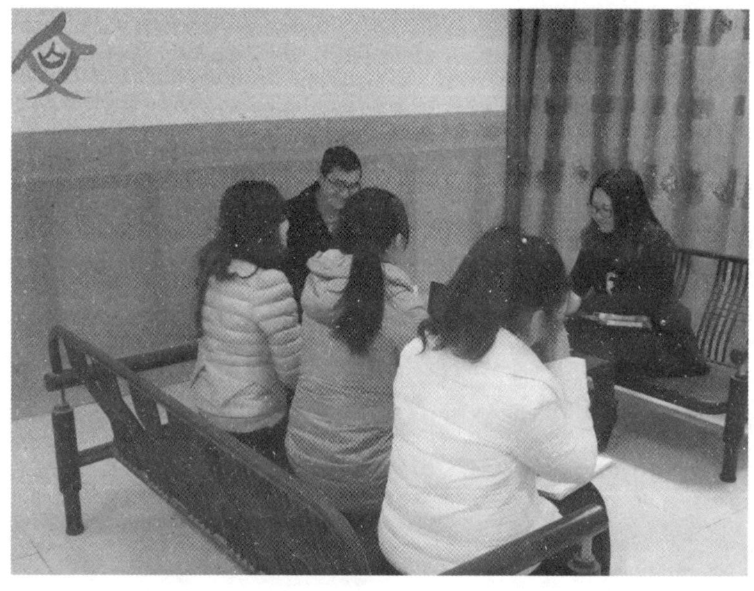

一年又过去了，窗外北风瑟瑟，公司会议室内却暖意融融，总经理和各部门部长正激情四射地憧憬未来，相信新的一年会更好。

3. 5D 企业文化测试问卷

（1）5D 企业文化测试问卷Ⅰ

请根据表 2－3 描述与您所在企业的相符程度，在相应分数下打“√”。（1 = 很不符，2 = 比较不符，3 = 符合程度一般，4 = 比较符合，5 = 很符合）

表 2－3　　5D 企业文化测试问卷Ⅰ

问题描述	1	2	3	4	5
1. 我们单位充满活力，员工工作充满热情					
2. 具有冒险精神的员工能够得到老板的赏识					
3. 我们单位员工间竞争比较激烈					
4. 我们单位对于管理层偏向使用目标管理法，对普通员工的管理也会设定阶段性目标，以目标为导向					
5. 我们单位的大部分权力掌握在小部分人手里					
6. 我们单位每位员工都有明确的上下级关系					
7. 人们把学习看作日常工作的一部分					
8. 我们单位重视员工的素质开发，关注员工个人发展进步					
9. 我们单位注重企业文化建设，引导员工形成一致观念					
10. 只要员工的错误不是品德问题，单位一般会给予改正的机会					
11. 我们领导具备创新精神，对环境变化能够迅速采取应变措施					
12. 我们领导为人刻板，感情内隐难以沟通					
13. 我们领导精力充沛，以饱满的热情投入到工作中					
14. 面对竞争与挑战，我们领导都能非常自信地面对与解决					
15. 我们领导擅于以循序渐进的方式带领大家开展工作					

续 表

问题描述	1	2	3	4	5
16. 我们领导习惯通过制度的建立来管理员工					
17. 我们领导注重对下属的指导培养					
18. 我们领导做事条理清晰，对工作内容有明确的把握					
19. 我们领导不会姑息下属的过错					
20. 我们领导引导并鼓励下属在工作中相互合作					
21. 我们单位鼓励员工创新发明					
22. 我们单位致力于为员工开放思考营造良好的工作环境					
23. 我们单位鼓励员工之间良性竞争					
24. 员工按照规章制度或领导指示做事，缺乏自主权					
25. 我们单位关心员工的方方面面，让人感觉很温暖					
26. 我们单位管理粗放，且不规范					
27. 我们单位奖罚分明					
28. 每位新员工都有帮助他成长的“师傅”或领导					
29. 我们单位为员工创造良好的合作氛围					
30. 公司层级较多，难以实现不同层级间、不同部门员工间的有效沟通					
31. 我们单位通过不断采用新的、更好的工作方式以增强组织凝聚力					
32. 我们单位会经常组织员工活动以增强团队凝聚力					
33. 我们单位提倡员工自主和自由工作，员工的合作精神也因此增强					
34. 我们单位强调竞争的公平性以加强组织凝聚					
35. 我们单位通过对各部门、各层级制定高度一致性的指标以提高团队整体协作性					
36. 由于规章制度规范并得到很好的执行，大家都凝聚在同一组织中工作					

续　表

问题描述	1	2	3	4	5
37. 员工经常参与决策，领导经常倾听员工的建议，员工因此乐于投入到集体工作中					
38. 员工会自觉地完成各项任务，不需要严格的监督，整个组织自然地紧密结合、有条不紊地运营					
39. 大家一般是基于相互信任来完成工作，而非等级制度					
40. 员工拥有共同的价值观，对企业的未来发展有共同的看法					
41. 公司致力于引进新员工来提高组织活力和创新能力					
42. 公司关注现有市场的发展，而不是积极拓展新领域					
43. 在战略定位上，我们公司比较保守，不会轻易参与竞争					
44. 我们单位有较多的合作伙伴					
45. 在战略上，我们单位一直强调稳步经营					
46. 我们单位很重视持续不断地完善规章制度					
47. 我们单位在员工技能成长、素质开发上投入很大					
48. 每项任务安排后，公司力求能快速有效地推进					
49. 各部门每个阶段都会制订不同的目标					
50. 我们单位经常通过各种活动来引导员工思想					
51. 工作业绩越好的员工越被公司重视					
52. 我们单位重视技术型员工，奖励政策向其倾斜					
53. 我们单位关注企业形象，致力于提升品牌价值					
54. 我们单位注重产品的差异性，力争在同行业中具有较高竞争力					
55. 团队支持一直是我们单位衡量成功的重要因素					
56. 我们单位重视忠诚度高的员工，并给予他们更多的机会					
57. 在评价员工时，首先关注其工作效率					
58. 我们单位重视奖励创造短期利益的员工，但对可能创造长远利益的员工关心不够					
59. 我们单位相信有信念的人更容易成功，并致力于加强员工的信念					
60. 会处理各种关系的员工会受到更多的重视					

请检查问卷是否填写完毕、是否有遗漏，再次感谢您的合作！

答案：

5D企业文化模型，根据内倾—外倾、感性—理性两个维度将企业文化分为五个类型，见图2－5。

每种类型企业文化对应12道题，分别从主导特征、领导风格、员工管理、组织凝聚、战略重点、成功准则六个方面进行测试。问题有正向描述、反向描述。其中每种类型对应题号如下，无括号的为正向描述，带括号的为反向描述：

火：1，2，11，21，22，31，32，41，51，52，(12)，(42)

金：3，4，13，14，23，33，34，44，53，54，(24)，(43)

木：5，6，15，16，25，35，36，45，46，55，56，(26)

水：7，8，17，18，27，28，37，38，47，48，57，(58)

土：9，10，20，29，39，40，49，50，59，60，(19)，(30)

每种类型企业文化最终得分为正向题型对应数值的和减去反向题型对应数值的和。

数值越大表示该企业此种类型企业文化表现越明显，取最高数值代表该企业文化的主要类型，同时，若各数值相差不大，可选取多个企业文化类型作为衡量该企业文化的主要特征。

(2) 5D企业文化测试问卷Ⅱ

请根据表2－4描述与您所在企业的相符程度，在相应分数下打“√”。(1＝很不符，2＝比较不符，3＝符合程度一般，4＝比较符合，5＝很符合)

表2－4　5D企业文化测试问卷Ⅱ

问题描述	1	2	3	4	5
1. 我们单位充满活力，富有开拓精神，人们愿意表现自己，并承担风险					
2. 我们单位团队凝聚力强，人们待人接物都十分热情					
3. 我们单位以目标导向为主，主要关注工作完成的状况					

续 表

问题描述	1	2	3	4	5
4. 我们单位具有较强的竞争氛围，员工的能力很高并且期望成功					
5. 我们单位控制严格、层级分明，人们做事严格遵守正式的流程					
6. 我们单位被严格地控制且组织严明，人们按照条例办事					
7. 我们单位注重员工技能发展，员工在工作中有较多机会学习和成长					
8. 我们单位注重员工个人素质的培养，并在管理中求创新					
9. 我们单位强调企业文化在组织管理中的重要作用					
10. 我们单位非常富有人性化，就像是一个大家庭					
11. 我们单位的领导风格以开拓、创新和富有冒险精神为主					
12. 我们单位的领导风格以自由、展示自我为主					
13. 我们单位的领导风格以务实、有闯劲和结果导向为主					
14. 我们单位的领导风格主要是“没有废话”，具有进取性和高功利性					
15. 我们单位的领导风格以协调、组织或平稳运营为主					
16. 我们单位的领导风格主要是有条理、有组织性、运作顺畅					
17. 我们单位的领导风格以指导、促进和培养下属为主					
18. 我们单位的领导风格通常被视为体现了导师、推动者或培育者的作用					
19. 我们单位的领导风格以包容、体谅下属为主					
20. 我们单位的领导风格以鼓励员工、协调员工关系为主					
21. 我们单位在管理风格上的特点是敢冒风险，强调创新、自由和独特性					
22. 我们单位在管理风格上是个人英雄主义、崇尚自由和展现自我					
23. 我们单位在管理风格上的特点是强调努力竞争、高标准、高成就					

续 表

问题描述	1	2	3	4	5
24. 我们单位的管理风格具有很强的竞争性，要求和标准都非常严格					
25. 我们单位在管理风格上的特点是提供雇佣保障，强调一致、共性和稳定					
26. 我们单位在管理风格上的特点是指定下属或团队的具体工作，事无巨细，无微不至					
27. 我们单位在管理风格上的特点是鼓励与激励员工展示自身才能，发掘自身潜能					
28. 我们单位在管理风格上的特点是引导与教练为主					
29. 我们单位在管理风格上的特点是团队合作，强调观念一致性和员工参与					
30. 我们单位在管理的风格上的特点是辅导、鼓励，管理者与下属之间采取双向或多向的沟通					
31. 我们单位的凝聚力来源是对革新和发展的追求，强调凡事领先					
32. 我们单位的凝聚力来源是对新鲜事物的共同追求以及对艺术氛围的共同要求					
33. 我们单位的凝聚力来源是强调成就和完成目标，积极进取和追求获胜					
34. 我们单位的凝聚力来源是强调公平竞争和对自我实现的要求					
35. 我们单位靠正式的规章制度将大家凝聚在一起，并强调单位的良好运营					
36. 我们单位的凝聚力来源是共同的指标以及完成工作的要求					
37. 我们单位的凝聚力来源是集思广益，共同解决难题的过程					
38. 我们单位的凝聚力来源是对提高技能的共同要求					

续　表

问题描述	1	2	3	4	5
39. 我们单位靠忠诚、互信黏合在一起。人们都具有承担义务的责任感					
40. 我们单位的凝聚力来源是共同的信仰、目标及榜样					
41. 我们单位重视获取新资源和创造新的挑战					
42. 我们单位崇尚尝试新事物和探索新机遇					
43. 我们单位强调竞争行为和成就，重视不断达到更高的目标以及在市场中获胜					
44. 我们单位强调不断跟进、完善既定目标的实现					
45. 我们单位强调持久性和稳定性，重视效率、控制和良好的运营					
46. 我们单位强调公司规章制度的遵守以及既定目标的实现					
47. 我们单位强调员工发展，坚持信任、开放和参与式的氛围					
48. 我们单位重视学术氛围的建立，希望公司内部能够通过培训实现员工技能的提高					
49. 我们单位强调明确的、鼓舞人心的目标对员工工作效率的影响					
50. 我们单位强调信仰、榜样等对员工绩效的激励					
51. 我们单位判断成功的标准基于对最新、最独特产品的拥有程度，强调产品领先和革新					
52. 我们单位判断成功的标准基于在市场和竞争中获胜，强调有竞争力的市场领导地位					
53. 我们单位判断成功的标准基于人力资源发展、团队合作、员工忠诚和对人的关心程度					
54. 我们单位判断成功的标准基于效率，强调可靠的产出、良好的规划和低成本生产					
55. 我们单位判断成功的标准基于员工个人价值观与企业价值观是否能够达到高程度的契合					

请检查是否填写完整。再次感谢您的参与！

答案：

5D企业文化模型，根据内倾—外倾、感性—理性两个维度将企业文化分为五个类型，见图2-5。

每种类型企业文化对应12道题，分别从主导特征、领导风格、员工管理、组织凝聚、战略重点、成功准则六个方面进行测试。部分题目源于权威量表OCAI。

每种类型对应题号如下：

火：1，2，11，12，21，22，31，32，41，42，51

金：3，4，13，14，23，24，33，34，43，44，52

木：5，6，15，16，25，26，35，36，45，46，53

水：7，8，17，18，27，28，37，38，47，48，54

土：9，10，19，20，29，30，39，40，49，50，55

每种类型企业文化最终得分为对应题目得分之和。

数值越大表示该企业此种类型企业文化表现越明显，取最高数值代表该企业文化的主要类型，同时，若各数值相差不大，可选取多个企业文化类型作为衡量该企业文化的主要特征。

第三节　企业文化诊断的工具与方法

1. 建立企业文化模型——竞争性文化价值模型

数据本身不会说话，要撬开它的嘴巴必须建立模型。然而很多人误认为“企业文化3层结构”就是企业文化模型，这种误解使得企业常常在茫茫的文化之海上迷失自己的方向。

美国组织行为专家奎因提出了“竞争性文化价值模型”，把企业文化指标按照内部、外部导向和控制授权两个纬度进行分类，最后形成四个基本的价值模式。这个模型不仅能够度量企业文化的实态，而且能够为未来的文化发展提供策略指导。

图2－6为文化诊断工具示例——竞争性文化价值模型。

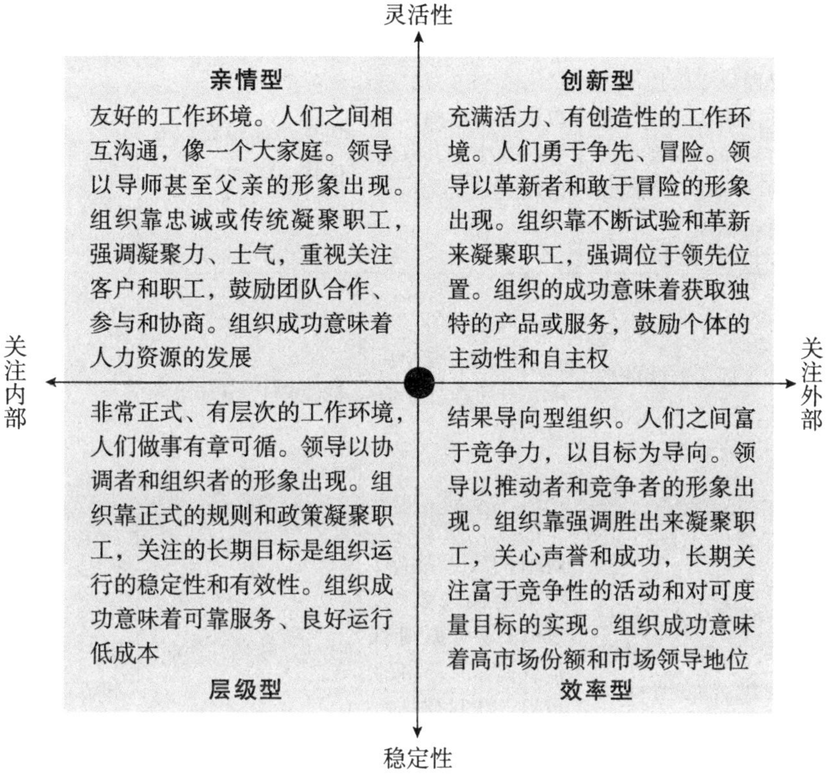

灵活性

亲情型	创新型
友好的工作环境。人们之间相互沟通，像一个大家庭。领导以导师甚至父亲的形象出现。组织靠忠诚或传统凝聚职工，强调凝聚力、士气，重视关注客户和职工，鼓励团队合作、参与和协商。组织成功意味着人力资源的发展	充满活力、有创造性的工作环境。人们勇于争先、冒险。领导以革新者和敢于冒险的形象出现。组织靠不断试验和革新来凝聚职工，强调位于领先位置。组织的成功意味着获取独特的产品或服务，鼓励个体的主动性和自主权
非常正式、有层次的工作环境，人们做事有章可循。领导以协调者和组织者的形象出现。组织靠正式的规则和政策凝聚职工，关注的长期目标是组织运行的稳定性和有效性。组织成功意味着可靠服务、良好运行低成本	结果导向型组织。人们之间富于竞争力，以目标为导向。领导以推动者和竞争者的形象出现。组织靠强调胜出来凝聚职工，关心声誉和成功，长期关注富于竞争性的活动和对可度量目标的实现。组织成功意味着高市场份额和市场领导地位
层级型	效率型

关注内部　　关注外部

稳定性

图2－6　竞争性文化价值模型

2. 企业文化差距分析

美国希尔顿饭店以“你今天对顾客微笑了没有?”“站在时代前沿”作为自己的经营理念。我国大多数企业在谈到自己的企业文化的时候，都是“严谨、求实、团结、创新、服务社会、争创一流……”的口号，千篇一律。既没有特色，也更不能起到激励员工、引导员工的行为价值取向的作用。

以银行业为例，国有四大银行基本拥有相似的企业目标与理念，缺乏特色，带有明显的计划经济特点。如表2－5所示。

表 2－5　　从行业来看，四大国有商业银行目标趋向

	发展目标	经营理念	服务理念	人才理念
工商银行	管理科学、技术先进，效益良好、实力雄厚、信誉卓著的国际化、现代化商业银行	以市场为导向，以客户为中心，以防范风险为重点	您身边的银行，可信赖的银行	以人为本，协作与创新相统一的激励机制；个人事业与企业发展相结合的发展空间
农业银行	一流的人才，一流的管理，一流的服务，一流的效益，一流的形象	自主经营、自担风险、自负盈亏、自我约束	精益求精，止于至善	知识化、专业化、国际化、开放性、包容性；“能者上、庸者下”，唯才是举
中国银行	功能齐全，布局合理，有独到比较竞争优势的国际大银行	清晰的发展战略，科学的决策系统，审慎的会计原则和信息披露，严格的目标责任制及与之相对应的激励约束机制	快捷、热情、方便、舒适	面向未来培养和造就人才
建设银行	以中长期信用为特色，重点支持大行业、大企业发展，积极推进金融改革，建设服务于社会、功能齐全、经营稳健、具有国际先进经营管理水平的现代化大型国有商业银行	卓越的银行源于卓越的服务，卓越的服务源泉于卓越的员工	令人信赖的服务质量，令人赞许的服务效率，令人满意的服务态度	以人为本，卓越的服务源泉于卓越的员工

通过对模型的审慎研究，我们可以明确现在的企业文化在哪里，它将往何处去，以及如何去那里。

企业文化咨询思维逻辑图如图 2 –7 所示。

范畴	生成与发展	发展与现状	发展与未来
问题主线	从哪来？	是什么样？	到哪去？
问题求解	文化源头与脉络，文化生成方式与特点，发展阶段与影响因素等	文化架构与特征文化、组成要素、与企业发展关系、优劣势等	理想状态 需要变革的领域 变革的步骤与措施 效果跟踪与监察

图 2 –7　企业文化咨询思维逻辑图

总之，在进行企业文化设计之前，要明确科学规范的文化体系建设总体思路，如图 2 –8 所示。

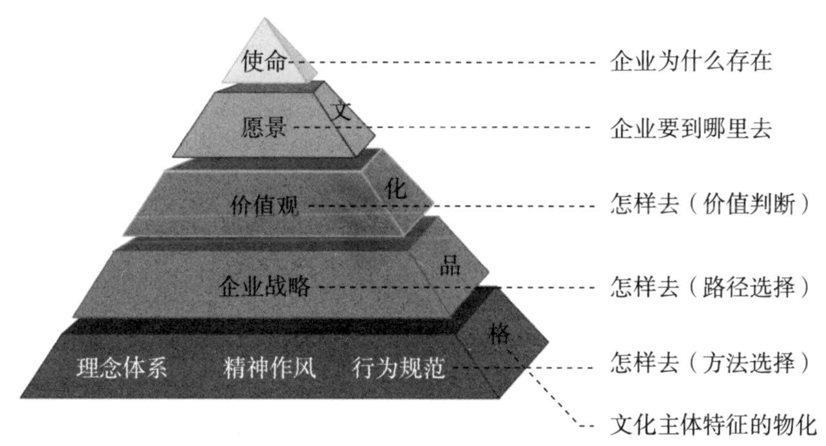

图 2 –8　战略导向型企业文化体系

3. 企业文化案例分析

我们知道，企业文化分为三个层次，即表层文化、浅层文化和深层文化。表层文化对应视觉器物层，浅层文化对应行为规范，深层文化对应精神理念，如图 2 –9 所示。

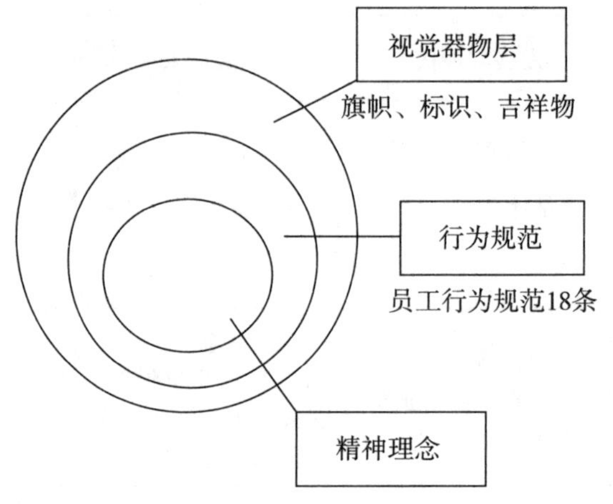

图 2 –9 发现需求，实现价值，共同发展

纵观当今日化品行业，宝洁用海飞丝、飘柔、博朗等无法替代的品牌时时刻刻影响着我们的生活，美化着我们的生活。是什么让宝洁驰骋世界？是它无比深厚、无比强大的企业文化。

下面，我们将从表层、浅层、深层三个层次的企业文化剖析宝洁是如何使其 300 多个品牌的产品畅销 160 多个国家和地区的。

（1）表层文化

表层文化是一种以物质形态呈现的表层企业文化，又称视觉文化或标识文化，它将企业所创造的文化品位通过企业的物质设施和产品商标、包装等表现出来，以其直观形象被更多人感知。

①宝洁公司的办公环境

在广州宝洁的 7 层办公楼中，每层楼都根据功能的不同被装饰成不同的主题颜色。从功能上分，27 ~29 层属于各业务组织办公区域，30 层属于综合楼层，前台和接待来宾主要在这一层，31 ~ 33 是各部门的办公区域。由此 27 ~28层以橙色为主，包括墙壁、办公桌、休息间的沙发都是橙色的；29 ~30层以蓝色为主，这是宝洁品牌的主色调；31 ~32 层以绿色为主；33 层也以蓝色为主，那是公司管理层所在的楼层。

这种以职能为准设定办工环境的颜色的公司着实很少耳闻，而橙、蓝、绿三种颜色也确实能给人一种精神焕发的感觉，当员工置身其中顿感神清气爽之时，宝洁的独特的视觉文化展露无遗。

②宝洁品牌的商标

商标设计将具体的事物、事件、场景和抽象的精神、理念、方向通过特殊的图形固定下来，使人们在看到商标的同时自然地产生联想，从而对企业产生认同。但是作为一个国外品牌，宝洁如果单纯采用直译法、意译法把它的英文商标翻译成中文的，这样也许会符合中国的文化要求，但会忽视中国消费者对产品名称从表面就能刺激人购买欲望的诉求。不同语言的不同特点及民族文化差异的存在使商标的翻译必须成为一个再创造的过程。宝洁在进入中国市场之时确实让商标翻译变成了一门艺术。

20 世纪 90 年代初，宝洁产品在进入中国市场时都是地地道道的洋品牌，但今天诸如“海飞丝”“玉兰油”“飘柔”“潘婷”等品牌很多中国人都耳熟能详了。

“海飞丝”带给人太多的想象，一说到“海飞丝”三个字，人们就会就会立马想到头发的飘逸美丽、自由浪漫。

说到“玉兰油”，人们就会联想到如玉兰花般晶莹剔透、完美无瑕的肌肤，让人对产品产生无限的遐想与憧憬。

再拿“飘柔”的英文翻译来说，它就摆脱了纯粹的音译和意译。“飘柔”英文名叫“Rejoice”，原意为高兴、欢乐。翻译成飘柔是因为当时在国内洗发水行业还未出现洗润合一的技术，经过广泛的问卷调查，营销人员发现头发的柔顺易梳理是消费者的普遍需求，于是柔顺的发质被作为这一种洗发水的定位。一经推广，便奠定了“飘柔”在消费者心目中的地位。

而“潘婷”的英文名“Panthenol”则是维生素 B_5 的另一种名称。这一商标名翻译成汉语不能意译，否则会有误导消费者之嫌，于是营销人员将产品和医药保健品联系起来，因此便采取了读起来朗朗上口且易让人产生美好联想的双音节词“潘婷”。

商标是一笔无形资产，商标代表着商标所有人生产或经营的质量信誉和企业形象。当宝洁商标不仅代表上乘品质，还能引发无限美好联想时，它的独特文化内涵会让自己成为真正的“适者”。

③宝洁产品的包装

“可持续发展”意味着社会、资源和环境保护三方面互相协调发展，在当今世界有着重要的意义。宝洁认为，“可持续发展”代表的是一个承诺。这个承诺的内容是，宝洁在不会对产品和服务的性能和价值上有所折中，同时又能够最大化地满足消费者需求的前提下，秉承“亲近生活，美化生活，为现在和未来的世世代代”的宗旨，通过产品包装的革新和兼具环保性及安全性产品成分的使用，公司运营的优化以及社会慈善公益项目的关注等三个主要方面，引领全球迈进“永恒之约”全新纪元。

为此，首先宝洁的做法是“减少包装材料”：玉兰油多效修护霜——全新的产品包装与旧包装相比，减少了超过25%的材料；吉列锋速3动力和锋隐——新式的塑料部分和纸板包装减少用料达25%；某洗涤剂——宝洁将在北美价值40亿美元的全部液体洗涤剂组合换成双强度洗涤剂包，是常规尺寸的一半大小。

其次，通过“利用可再生材料”，宝洁迈出开发可持续塑胶材料的第一步。从2011年起，宝洁在潘婷Pro－V、COVERGIRL封面女郎彩妆品牌、Max Factor蜜丝佛陀彩妆品牌开展为期两年的试点推行，采用来自巴西的甘蔗作物作为传统塑料的替代品。这同时也是宝洁在全球范围内，首次把这种可再生材料应用到系列品牌的产品包装中。

最后，通过“回收产品包装”，宝洁引领绿色环保生活向前迈进。潘婷Pro－V、伊卡璐草本精华这两个品牌的包装在一般城市的回收站中都可以回收再利用，因为它们都是制作玻璃和厚纸板的材料。

用可持续发展的理念打造属于宝洁自己的独特包装，适应“低碳经济”的发展要求，相信宝洁定会越走越远。

（2）浅层文化：包括企业的制度层和行为层文化

①宝洁的品牌经理制

宝洁的品牌如此之多，宝洁是如何管理和保证每一个品牌在市场上的竞争力的呢？关键在于其品牌经理制。1931 年，当时担任佳美香皂公司经理的麦肯洛发表了以“品牌管理”为主题的报告，并获得了高层经理的认同。品牌经理制度逐渐在宝洁内部运作体系中推广开来，至今已成为宝洁经营的最大特色。

品牌经理扮演着三个角色：一是制订和实施品牌战略；二是在公司内部争取更多资源来维护品牌价值，或者扩大影响力；三是对外与分销商、市场终端打交道，促进该品牌产品在市场上的销售，扩大影响力。

一般来说，公司的市场部人员只关心品牌管理的短期计划和短期结果，更善于处理日常的品牌维护工作；而品牌经理则更重视品牌的长期价值的保持和增值，关心该品牌在消费者心目中喜恶变化。这同样也体现了一家有远见的公司对品牌的看法：品牌管理不仅是为了短期内获利，更是为了让品牌也能够“长青”。

品牌经理制无疑为宝洁在百年时间内征战市场、建立宝洁帝国立下了汗马功劳。这一成就得益于品牌经理制度的这样几个特点：

第一，打通产品的产供销链条，打破各职能门间的隔阂。通常来说，规模较大的公司职能部门众多，市场部门、研发部门、生产部门与行销部门容易各自为政，从部门本位主义立场出发，各个部门不会主动考虑与其他部门配合，从而增加了公司内部的协调成本和摩擦。最后的结果很可能是，某一品牌的产品出现问题或者延迟上市，大家互相推诿。品牌经理的出现，成为破除部门隔阂的有效的解决之道。品牌经理就像是该品牌的保姆或者保镖，他要“护送”该品牌的产品，从产品设计、生产到市场推广和销售的全过程，当该产品在某一环节上迟滞，最着急的肯定是品牌经理。品牌经理的出现，有利于公司整合和发挥各职能部门的力量，从而形成合力，占领市场。

第二，真正关心消费者需求，保持产品不断创新。传统企业的习惯做法是，制造产品，然后研究如何将产品卖出去，只是单向地由产到销；在品牌经理制下，品牌经理会极大地关注消费者的各种差异性需求信息，并及时搜集整理，反馈给研发和生产部门，这种营销行为是双向的，顾客的意见会改变产品的形态，而新的产品又会满足顾客的需求。

第三，注重品牌的恒久价值。衡量一位品牌经理的业绩，除了看他当前的销售额等财务数字外，还有一项很重要的指标就是，他是否保持或者增加了该品牌的无形价值。这种评价保证了品牌经理不会仅仅满足于短期利益，而是着眼于品牌的恒久价值，从而为公司赢得真正的市场。

第四，以目标管理丰富顾客价值。品牌经理要对产品的销售额及利润负责，因此，他对各个环节的成本会非常重视，一旦发现有成本上升的情况，就立即做出反应。有效的成本控制和不断改进的服务，可以提高产品的市场竞争力，丰富与提升产品的价值，最终使公司和消费者达到“双赢”。

②宝洁的营销策略

首先是差异化经营。宝洁公司经营的多种品牌策略不是把一种产品简单地贴上几种商标，而是追求同类产品不同品牌之间的差异，包括功能、包装、宣传等诸方面，从而形成每个品牌的鲜明个性。这样，每个品牌有自己的发展空间，市场就不会重叠。不同的顾客希望从产品中获得不同的利益组合，有些人认为洗涤和漂洗能力最重要，有些人认为使织物柔软最重要，有些人希望洗衣粉具有气味芬芳、碱性温和的特征。于是宝洁就利用洗衣粉的 9 个市场细分，设计了 9 种不同的品牌。利用“一品多牌”，从功能、价格、包装等各方面划分出多个市场，满足不同层次、不同需要的各类顾客的需求，从而培养消费者对本企业某个品牌的偏好，提高其忠诚度。

其次是多品牌策略。宝洁目前拥有 300 多个品牌，并且在全球超过 160 个国家进行销售。例如在，在洗发水领域，宝洁旗下拥有飘柔、海飞丝、潘婷、伊卡璐、沙宣等数个知名品牌，每一个品牌都凭着其独有的营销诉求和产品定位而独领风骚，更令人感到不可思议的是，每一个品牌的成功都是在同一个领域。为什么会这样呢？一般的营销理论都认为，单一品牌的延伸策略能使企业减少营销成本，能够使品牌价值“溢出”，使之覆盖于更多的产品种类。但宝洁的经历却证明，单一品牌的延伸理论并不适用于所有的领域。比如，海飞丝是洗发水品牌，其市场定位是去屑不伤发，如果将这一品牌延伸至牙膏产品，必将会有新的营销诉求，反而会使消费者对这一品牌的认知产生混乱。多品牌策略也并非普遍适用，这必须结合产业的实际情况和市场的具体格局。

最后是宝洁公司本土化价格和分渠道策略。宝洁公司实行全国统一的零售价格体系，在这个体系下，充分保证了各级经销商的利润，宽广的产品线也保证在各个价位段都有公司的产品存在，拓展了消费人群。宝洁公司还利用节日销售黄金周开展一些买赠类型的促销活动，这些变相的降价措施极大地促进了销售。宝洁公司在1988年进入中国大陆市场。十余年里，宝洁公司在渠道管理上经历了三个发展阶段。1988—1992年，宝洁公司对分销商采取的是典型的“推压式”管理方式，将产品直接销售给分销机构，以分销商交纳货款为分水岭来确认产品的所有权的转移。从1992年开始，宝洁开始帮助分销商销售自己的产品，同时对市场覆盖进行规划，一定程度上解决了市场覆盖问题。1995年以后宝洁开始推行严格的数字化管理，为分销商转型做准备。1999年7月，宝洁推出了“宝洁分销商2005计划”，指明了分销商的发展定位和发展方向，详细介绍了宝洁公司帮助分销商向新的生意定位和发展方向过渡的措施。

③宝洁与员工

宝洁非常重视每位员工的职业发展，并为此建立了一整套工作绩效评估、目标设定及审核、职业生涯规划的体系。宝洁希望能够最大限度地发挥每个人的潜力，通过培训体系和教练辅导等方式为员工提供有力的支持，帮助他们达到自己的事业目标。

宝洁公司的培训体系在业内很有名气。在美国总部，宝洁建立了培训学院。在中国，也有专门的培训学院。公司通过为每一个雇员提供独具特色的培训计划和极具针对性的个人发展计划，使他们的潜力得到最大限度的发挥。

在宝洁，最核心的培训不是课堂上的培训，而大多数是明确指定的直接经理对下属一对一的培养与帮助。宝洁认为，职业只是员工个人发展中一个比较核心的部分，不是全部，辅导员工的个人发展是最重要的。辅导要实现的，也不仅仅只是员工与上司之间的协助或者师徒关系，“宝洁的价值观要求充分尊重每一位员工，既可以与上司分享自己的成果，也可以无所顾忌地向上司倾诉自己的困惑”。

宝洁中国公司人力资源经理 Cissy Zhou 说，宝洁很少采用试用期的方法，认为与员工的雇用合同就像一纸婚书，相互之间应该尽快进入角色，进行身份的认同。因此，除了一对一的辅导谈话外，宝洁还推行“早期责任”制度，即从加入公司的第一天起，就让新人开始承担起真正的责任，迅速进入状态。

宝洁坚信，早期责任会让新人获得宝贵的实践经验，更快地成长。公司福利是为了吸引和留住最优秀的人才，宝洁提供的福利薪酬待遇在同行业中属于佼佼者。宝洁不断地调节薪酬系统，公司每年都做工资市场调查，以确保宝洁的工资和福利是具有绝对竞争力的，令表现优秀的员工得到相应的回报。

宝洁除了为员工购买各种品类齐全的保险外，更在中国推出“宝洁奖励股”及其他项目，以创造一种鼓励承担风险、提倡主人翁精神、激发创造性思维的宝洁新文化氛围。

（3）深层文化

深层文化集中反映在公司的宗旨、使命、价值观和原则上。一个组织如果没有深层文化的积淀，那么它就像一个没有精神的人一样不可能有辉煌的未来。

①宝洁公司的经营理念

宝洁奉行消费者至上原则。宝洁照顾消费者十分殷勤，任何人都不会因此感到惊讶，因为大部分企业都强调消费者满意度的重要性。但是，宝洁的不同之处就在于：它不仅仅是原则而已，它更是驱使宝洁深入了解消费者及进行其他企业行为的基本动力；它不只是方法论，而且是一种行事态度。

宝洁公司前 CEO 约翰·白波先生对消费者至上这个问题发表了自己的看法，他说：“宝洁公司所有产品都要经历两个关键考验：一是消费者在店中购物之时；二是当消费者在家中实际使用之时。为经受住这两个考验，宝洁怎能不千方百计加强与消费者之间的联系?”

当然，宝洁首先选择了相信消费者。消费者是有眼光且有分辨能力的，他们会仔细权衡产品的价值及成本，然后选择提供真实价值的厂商。宝洁深信：顾客是最终决定谁是市场赢家的仲裁者，他们相信消费者的评价来自于其本身，因为消费者对品牌价值与品质的认知将决定宝洁的未来。

曾经有一位宝洁的品牌经理建议将佳洁士牙膏的开口加大，如此一来消费者将会很快用完牙膏。这是一个糟糕的主意，而且根本就是欺骗！何况消费者又不是傻瓜，他知道该用多少牙膏。当然这个提议很快就被管理层给否决了。

同时宝洁决定让顾客决定价值。价格并非决定价值的唯一要素，消费者对价值的敏感度，已由市场上无数成功的例子及少数失败的例子得到验证。有这样一个价值方程式：价值 = 所认知的效益/价格。价格经常主宰着上述的价值方程式，如果价格高于消费者所接受的价值，消费者会拒绝购买。宝洁曾在首次推出抛弃式纸尿裤时，学到了宝贵的经验。

价值方程式对帮宝适抛弃式纸尿裤的成功有着关键性的影响。宝洁推出品质相对更佳的帮宝适，并采取了较高的定价策略：一片 10 美分。从价值方程式来看，帮宝适所提供的效益是超过其价格差异的。帮宝适在伊利诺伊州进行市场测试，起初设定销售目标为 2. 5% 的总换尿裤量。然而，市场反应冷淡，只达成 0. 8% 的更换量。产品价值虽受肯定，但过高的价格却使消费者望而却步。

宝洁必须进一步降低成本，而唯一的方法是提供销售目标，因此，生产效率渴望提高，广告量必须适应规模经济，进一步提高供应商的合作及谈判空间。高销售量将导致架上商品周转率提高，也促使超市向宝洁进货。

在那个时候，抛弃式纸尿裤只在药房销售，由于毛利率高，因此，药房并不在乎商品周转率。然而超市的毛利较低，因此需要较高的商品周转率。又经过 3 次市场测试，宝洁终于和消费者达成协议：如果每片的价格定为 6 美分，主妇们会经常使用帮宝适。最后一次市场测试，产片使用率已超过原先设定的 12 倍之多，宝洁的市场占有率超过 1/3。

②宝洁人的价值观

宝洁承诺为现在和未来的世世代代提供优质超值的品牌产品和服务，美化世界各地消费者的生活。为此，它不仅让自己的产品越来越出众，而且用

自己的责任感和慈爱之心去帮助需要帮助的人们，去改善他们的生活。在5·12地震后的第五天，佳洁士、欧乐－B就为灾区送去10万支漱口水，真真切切关注着灾区人的健康。

“亲近生活，美化生活”是宝洁的使命。为完成使命，宝洁不仅提供优质的服务，更履行构建和谐社会的责任。宝洁大中华区公益项目关注重点是青少年的基础教育，宝洁希望小学项目是宝洁大中华区公益的旗舰项目。宝洁公司和中国青少年发展基金会从1996年开始合作至今，风雨同舟，互勉向前，共同为农村贫困地区基础教育事业添砖加瓦。

③互相依靠、互相支持的生活方式

宝洁的各个业务组织、部门、品类和区域之间相互信任、紧密合作。宝洁人对采用他人的建议及方法取得的成绩感到自豪，他们与所有为实现公司宗旨做出贡献的各方，包括客户、供应商、学校和政府，建立真诚友好的关系。

宝洁公司始终把人看作是公司最大的财富，在日益激烈的商业全球化、信息化和高速化的竞争时代，宝洁人的品质构成了宝洁的文化和竞争优势，推动着宝洁不断实现新的突破和创新。

如宝洁公司中国区总裁潘纳友在招聘致辞中说：“我们需要的人才，无论是男性或女性，都必须是聪明而又乐于奉献的，自信而又积极主动，勤奋而又愿意不断接受挑战的人。”

宝洁把公司对人才素质的要求归结为八个方面：领导能力、诚实正直、能力发展、承担风险、积极创新、解决问题、团结合作、专业技能。重视培养和发展人才，并把它视为未来事业成功的关键，宝洁的目标是尽快实现员工的本地化。并且在日益全球化的今天，宝洁人不希望以狭窄、守旧、充满民族色彩的眼光去看待、苛求包括宝洁在内的任何一家跨国企业，但他们希望看到的是，在中国这样一个法制、市场规则不断健全的社会中，宝洁人都能够认真对待自己的企业与产品，在企业运营之中体现出高度的社会责任感，为公司谋求利润的同时，也为所在的社会、国家、人民造就福祉。

宝洁公司的企业使命的施行使得宝洁公司的在人们心中树立起良好的企业形象。

第三章　企业文化设计

心派企业文化重在建设。企业文化设计的核心任务是对企业理念、行为、视觉识别系统的规划和设计，即提出包括精神层、制度层、物质层在内的完整的目标企业文化模式，这是进行企业文化建设与更新的基础和前提。

精神层是企业文化的核心和灵魂。因此进行企业理念识别系统策划（MI策划），构建目标企业文化的精神层，是进行企业行为识别系统策划（BI策划）、视觉识别系统策划（VI策划）的前提和关键。如图3－1所示。

理念识别（Mind Identity，简称MI）

行为识别（Behaviour Identity，简称BI）

视觉识别（Visual Identity，简称VI）

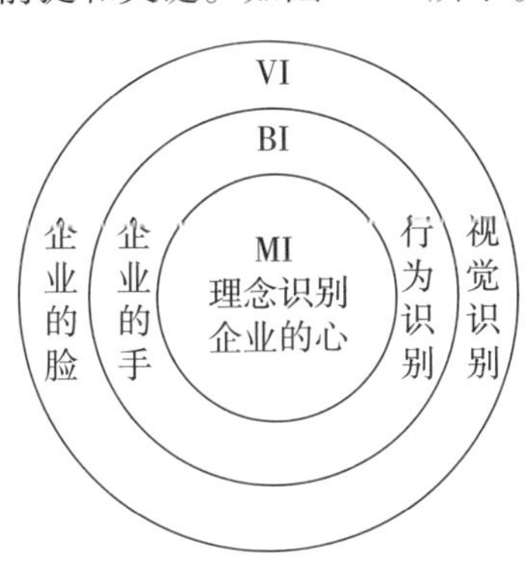

图3－1　企业文化设计

三个层次的文化设计都非常重要，好的文化设计有两个标准：第一是真，必须是企业自身真实的文化；第二是美，要用“美”的方式表达。

想快速地设计出真而美的企业文化是不现实的，这需要有文化历史积淀与大师策划思维。那朴素一些的文化如何快速设计呢？可以先从《企业文化大纲》《员工行为规范》《企业视觉系统识别手册》三份核心材料入手。大家可以通过观看宋联可工作室的一集原创情景剧，获得一些启发。

文化部的 Cherry 正在参与公司企业文化项目设计，但此时她一筹莫展。

Lucky：怎么啦？愁眉苦脸的，不是生病了吧，别表现得那么明显！

Cherry：还不是那个文化项目，我一点头绪都没有！

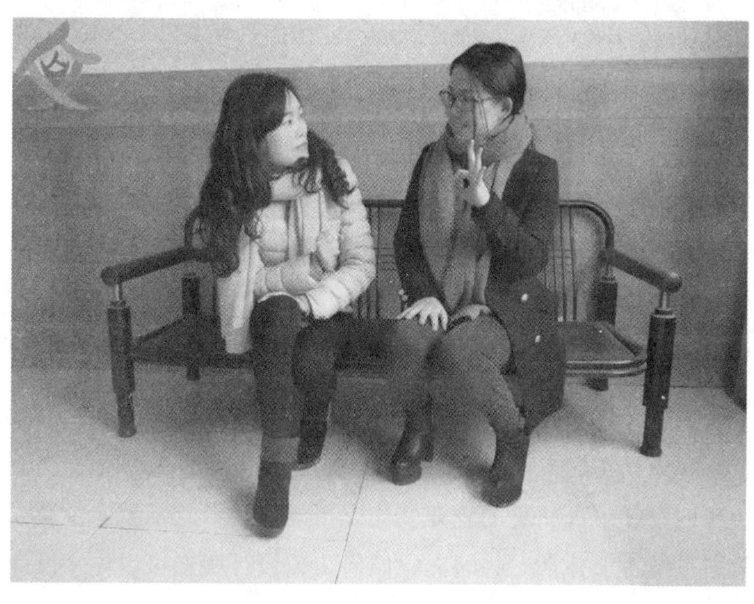

Lucky：那很简单啊！有三份资料就基本搞定了。

Cherry：三份资料？蒙我呢吧！

Lucky：头脑是日用品，不是装饰品。瞧你那样，真是白长了脑袋！

Cherry：祖宗啊，你就别再挖苦我了，说正题吧！

Lucky：《企业文化大纲》最为重要，其中包括价值观、经营理念等，就

像识人得先识心一个道理。

Cherry（若有所思）

Lucky：第二就是《员工行为规范》，每个人的修养都可以从行为举止中体现出来，企业文化也是如此。

Cherry：噢……（恍然大悟）

Lucky：最后就是《企业视觉系统识别手册》，比如企业的标志、商标等。

Cherry：我懂了，就像相亲最看重的就是第一印象，很重要啊！

Lucky：多学着点吧！知识就像内裤，看不见但很重要。出问题先从自己身上找原因，别一便秘就怪地球没引力。

第一节　理念识别（MI）设计

当前，企业文化规划的误区在于酷爱捣鼓“口号”，或者着迷于包装“手册”，然而这些战术性的东西根本无助于改变企业的经营绩效或者竞争能力，企业文化背上“空洞无物”的黑锅正归因于此，只有对企业文化进行战略性规划才有可能真正地起到经营层面的影响。

企业文化精神层——理念识别系统主要由企业最高目标、企业哲学、企业精神、企业道德、企业作风、企业宗旨等方面构成。这几个方面尽管角度不同，各有侧重，有时在内容上还互有交叉，但它们在本质上又是和谐统一的。因此，在进行企业理念设计时，对这些方面既应该有所区分，又不可机械分离，既要在内容上力求完整、全面涵盖，又不可单纯在表达形式上强求一致。

1. MI的内容

企业理念的来源主要有民族文化、社会文化、外来文化、企业传统四个方面。

（1）民族文化精华

世界上每一个民族在自己的发展过程中，广大劳动群众都用自己的双手创造了值得骄傲的物质文明和精神文明。在我国五千年的历史长河中，诞生了孔丘、孟轲、老子、庄子、墨翟、韩非等无数伟大的思想家，形成了以儒家思想为核心的具有中华民族特色的传统文化，成为人类文明的重要组成部分。

(2) 先进社会文化

企业文化是社会文化的一个组成部分，企业文化在社会文化的浇灌下成长，社会文化中的积极因素构成的先进文化同样是企业理念的重要来源。政治制度、经济制度是一个国家的基本制度，对企业理念有着十分巨大的影响，不同的制度文化使企业理念带有不同的色彩。例如：长城钢铁厂企业理念中，企业宗旨是“以振兴中华为己任，把最优秀的产品贡献给社会主义现代化建设事业……”

由人民的生活方式、风俗、习惯等形成的中性民族文化因素，有时也被企业理念所借用。例如日本太阳公司的企业精神“蒲公英精神”——“见缝插针，不计啥环境，生命付大地，开花不求荣”。此外，西方国家的社会宗教文化也是这些国家企业理念的重要来源。

(3) 国外先进企业理念

无论什么社会制度，现代化大生产有许多基本的规律是带有共性的。一个国家一切先进的企业管理思想和管理经验，常常被其他国家的企业学习和借鉴，经过改造以后融入他们的企业文化，甚至直接成为他们的企业理念。

例如日本企业“民主管理”的企业法宝就是20世纪50年代学习借鉴我国的“马恒昌小组”，日本企业“劳资一体自主管理”的思想是借鉴我国的“鞍钢宪法”。

在现代化的科学管理方面，我国目前落在了后头，因此我国许多企业纷纷向美日欧等西方国家企业学习，不少企业明确把来自国外企业的精神理念移植到本企业的企业理念中。

(4) 我国企业优良传统

企业优良传统是经过企业实践所积累的宝贵经验，是企业理念的又一来源。设计企业理念识别系统，积极继承本企业的优良传统，借鉴其他企业的优良传统，并且在继承和借鉴的基础上加以发扬光大，常常是一种很不错的选择。

2. 设计MI的思路与方法

下面主要介绍如何设计企业愿景、企业哲学、企业核心价值观、企业宗旨、企业精神、企业道德、企业作风等七个要素。

（1）企业愿景的设定

①愿景与共同愿景

愿景译自英文“Vision”，源于拉丁语“Videre”一词，包含两层内容：其一是愿望，指有待实现的意愿；其二是“景象”，指具体生动的图景。共同愿景（Shared Vision）指的是被组织成员接受和认同的愿景。

共同愿景主要涉及三个方面内容，即对组织存在使命的认识、组织未来发展的规划和组织达到目标的手段。

②企业愿景与企业目标

企业愿景是指企业全体员工所接受和认同的共同愿景。目标是组织或个人在一定时期内通过努力而希望获得的成果。企业目标是指一定时期以内，企业生产经营管理活动预期要达到的成效或结果。

企业愿景与企业目标既有共同点，又不完全相同。以微软和Intel为例，他们初期的愿景并不明晰，等到公司达到一定规模时，愿景已经改了两三次。台湾企业家张忠谋认为，愿景的平均寿命为4~5年，如果太短，这个愿景就没有意义；如果太长，则会不切实际，也不易被人相信。

企业愿景同企业目标的一般含义相比较又有所区别，企业目标通常是企业决策层和管理层所制订，较少考虑员工个人目标，而企业愿景则是建立在员工个人愿景的基础上，是个人愿景与组织愿景的有机结合，更好地体现了以人为本的现代管理思想。

1975年微软公司创业时，企业愿景为“要使全球家家户户都有个人电脑”，思考核心放在每个人都要使用计算机上。

微软的新愿景就是“让全球的人们以及企业充分发挥潜能”，志在成为“帮助人们和企业充分发挥其潜力的软件、服务和解决方案的全球领导商”。

③设计和建立企业愿景

企业愿景的设计与建立，是一个密不可分的过程，这一过程包括以下要点：

把个人愿景作为共同愿景的基础；按照自下而上的顺序；反复酝酿，不断提炼和充实，加拿大的史密斯（Bryan J. Smith）提出，建立共同愿景需要经历的五个阶段是告知、推销、测试、咨询和共同创造；注意说服和沟通。

1984 年，还是张瑞敏第一次出国的时候，一位德国的朋友恭维地对他说：“在德国市场上，最畅销的中国货是烟花爆竹。”

这对一般中国人来说是句恭维的话，但张瑞敏听了以后感到受到的刺激特别大。外国朋友的话，非但没有使张瑞敏高兴起来，反而使他心里有一种似乎在流血的感觉。他为自己，也联想到每一个现在的中国人，应该为还在吃几千年老祖宗四大发明的饭感到羞愧。

经过深思熟虑，针对当时还没有一个世界级中国产品的现状，他响亮地提出了海尔——中国造的理念。用张瑞敏的话说：“我们打出海尔——中国造的理念，就是要使我们的产品与德国造、美国造比高低，就是不服气，就是为了要长中国造的志气。”

④企业目标如何成为企业愿景

企业领导者总是希望把企业愿景的设定与企业目标的设计有机结合起来。即把企业目标变为企业愿景。这个要求并不为过，很多优秀的企业正是做到了这一点并从中受益。企业目标变成企业愿景，前提在于企业目标应是一个多目标系统。

其实很多管理学家和企业家早就认识到，企业除了经济活动和经济动机外，同时存在着社会活动和社会动机，因而企业肩负着一定的社会责任和社会义务。

决策学派代表人物西蒙首先提出经济效益和社会责任双目标体系后，德鲁克也提出一个成功企业应该在市场、技术进步和发展、提高生产力、物质和金融资源、利润、人力资源、员工积极性、社会责任 8 个方面建立自己的多目标体系。目前，世界上一切先进现代的企业，毫无例外地抛弃了“经济利益最大化”这单一目标体系。

例如惠普公司树立了 7 个目标：利润、客户、感兴趣的领域、增长、人、管理、好公民。

此外，企业最高目标越高远，越有利于企业目标成为共同愿景。在企业的多目标体系中，最重要的是企业最高目标，只有确立了最高目标，才能确定整个目标体系，确定企业的其他理念。

(2) 企业哲学的提炼

企业哲学也被称为企业思想、企业原则或企业观，也常被称为企业经营哲学或经营原则。

企业哲学到底要回答什么基本问题，企业运行的基本的、深层次的、带普遍性的规律和原则有哪些？简言之，到底要把哪些东西作为企业哲学的内容？企业哲学要回答的问题是“企业与社会的关系”“企业与人的关系”。

下面是一些企业哲学的范例：

顺应天时，借助地利，营造人和（衡水电机厂）；
在制造产品之前必须先制造人才（北京，松下彩色显像管有限公司）；
仁心待人，严格待事（瑞士劳力士手表公司）；
以科学技术为经，以合理管理为纬（丰田公司）；
多关心人，不把员工当机器使用（布达佩斯论坛旅馆）；
开发就是经营（日本卡西欧公司）。

企业哲学最根本的来源毫无疑问是企业领导和广大员工的工作、生活实践，其具体的、现实的、直接的来源主要有下述四个方面：企业家自身的哲学思维，特别是其世界观、人生观、价值观；企业英雄模范人物和优秀群体的世界观、人生观和价值观；多数员工共同的哲学思维和他们的世界观、人生观和价值观；社会公众的世界观、人生观和价值观。

（3）企业核心价值观的提出

①企业核心价值观及其作用

由于事务的多样性和企业的多目标性，一个企业的群体价值观往往包括不同层次、不同方面的很多内容，而其中往往有一些起主导作用的价值观，它们被称为企业的主导价值观。在主导价值观中，还有一些深层次的、起决定作用的价值观念，这就是核心价值观。不同企业，核心价值观不尽相同。

海尔总裁张瑞敏透露海尔经营的秘诀：“海尔过去的成功是观念和思维方式的成功。企业发展的灵魂是企业文化，而企业文化最核心的内容应该是价值观。”自己在海尔企业文化建设中扮演了牧师的角色，“不断地布道，使员工接受企业文化，把员工自身价值和企业目标的实现结合起来”。

核心价值观对企业的决策和企业的行为有着决定性的影响，因此成为企业文化理念层中最为重要的内容之一。

②企业核心价值观的影响因素

设计企业核心价值观，首先要弄清楚它的影响因素。在影响企业价值观的诸多因素中，员工的个人价值观、企业家价值观和社会价值观的影响是较为显著的。

③企业核心价值观的设计原则和步骤

在设计企业核心价值观的问题时应坚持以下原则：与企业最高目标相协调；与社会主导价值观相适应；充分反映企业家价值观；与员工的个人价值观相结合。

波音公司的核心价值观：永为先驱，尽善尽美。

杜邦公司的核心价值观：安全、健康和环保、商业道德、尊重他人和人人平等。

丰田公司的核心价值观：上下一致，至诚服务；开发创造，产业报国；追求质朴，超越时代；鱼情友爱，亲如一家。

本田汽车的核心价值观：实现顾客利益的最大化。

麦当劳的核心价值观：以人为本，优质、服务、清洁、价值。

三星公司的核心价值观：人才第一，追求一流，引领变革，正道经营，共存共赢。

宜家：创新，人性化，朴实，追求大多数客户利益和意志力。

路透社：准确，独立，可靠和开放，及时，创新和以客户为本。

美国军队：忠诚，负责，尊严，无私服务，荣誉感，正直诚实，个人精神。

④企业核心价值观的设计步骤

分析社会主导价值观的基础上，根据企业的最高目标，初步提出企业的核心价值观表述并在企业决策层以及管理层和员工代表中反复进行讨论；确定企业的核心价值观以后，进一步酝酿提出企业的主导价值观和整个价值观体系；把企业价值观与企业文化各个层次的其他要素进行协调，并做文字的提炼，形成全面准确的企业价值表述；在员工中广泛宣讲和征求意见，反复进行修改，直到为绝大多数员工理解并得到他们的支持为止。

⑤企业核心价值观的更新与再设计

与企业理念其他要素相比，企业核心价值观虽然最为稳定，但它不是一成不变的，而是需要及时进行更新。企业价值观的更新实际是在原有价值观的基础上进行更新设计。

更新的前提和时机。当企业的最高目标发生重大改变的时刻，企业所处环境发生重大变革的时刻，企业的主要业务领域、服务对象、管理模式等发生重大改变的时刻。

更新的方法。要更新企业价值观，首先，要对企业内外环境进行分析，找到原有价值观与企业新的最高目标，社会环境以及企业运行等不相适应的地方；其次，在保留企业价值观表述中仍适应新情况的部分的基础上，按照前述价值观设计的步骤进行增补；最后，将新的企业价值观表述和原有表述进行对照，并通过员工宣讲和征求意见，最终确定。

（4）企业宗旨的制订

制订企业宗旨的目的：对社会的承诺与义务。企业宗旨的内涵一般要阐明企业增值活动，产品或服务、客户或市场。

例如：尊重个人价值（惠普公司）；保证质量，讲究卫生，服务周到，公平交易（麦当劳）；以优取胜，以新取胜（上海闯新纺织机械厂）；实事求是，热心服务（中国计算机发展公司）。

当企业内外环境发生变化，特别是当企业自身的事业发生重大变化时，企业宗旨也应随之进行修改或更新。

惠普公司在1990年以前的企业宗旨："设计、制造、销售和支持高精密电子产品和系统，以收集、计算、分析资料，提供信息作为决策依据，帮助全球的用户提高其个人和企业的效能。"1992年起采用新的宗旨："创造信息产品，以便加速人类知识的进步，并且从本质上改善个人及组织的效能。"

IBM公司原来强调计算机制造与销售，后来强调信息服务、IT服务以及管理咨询。

华为公司原来是制造路由器等硬件，现在服务与产品多元化，如手机等。

（5）企业精神的概括

企业精神是指企业员工所具有的共同内心态度、思想境界和理想追求。美国著名管理学者托马斯·彼得曾说："一个伟大的组织能够长期生存下来，最主要的条件并非结构、形式和管理技能，而是我们称之为信念的那种精神力量以及信念对组织全体成员所具有的感召力。"

企业精神是现代意识与企业个性相结合的一种群体意识。每个企业都有各具特色的企业精神，它往往以简洁而富有哲理的语言形式加以概括，通常通过厂歌、厂训、厂规、厂徽等形式形象地表达出来。

一般来说，企业精神是企业全体或多数员工共同一致、彼此共鸣的内心态度、意志状况和思想境界。它可以激发企业员工的积极性，增强企业的活力。企业精神作为企业内部员工群体心理定式的主导意识，是企业经营宗旨、价值准则、管理信条的集中体现，它构成企业文化的基石。

企业精神通常采用以下设计方法：员工调查法、典型分析法、领导决定法、专家咨询法“德尔菲法”。

现代企业精神共性：诚信、团结、创新。谈到 Facebook（脸书）的企业文化时，扎克伯格表示，非正式化制度是 Facebook 的特点之一。为了给员工提供快乐而舒适的办公氛围，公司鼓励无拘无束的交流方式，以保证创意的不断迸发。

1984 年 5 月，扎克伯格出生于纽约的一个富人区。他的父亲是一名牙医，母亲则是一位精神病医师。

扎克伯格自学成才，学会了编程。高中的时候，他为一款 MP3 播放器设计了插件，这个软件可以识别用户的收听习惯，自动创建符合用户口味的播放列表。扎克伯格把这款软件上传到互联网上供人免费下载，他的才华很快得到了一些大公司的赏识，包括美国在线和微软等大公司都向他抛来橄榄枝。但扎克伯格最终决定以学业为重，于是他来到哈佛。

正是在哈佛的宿舍里，扎克伯格写出了 Facebook 的网站程序，他甚至还在这里尝试了一下做黑客。于是这位哈佛大一新生在某个夜里入侵了学校电脑的数据库，获取了里面存储的学生照片。扎克伯格把这些照片放在他自己设计的网站上，后来这些照片的点击量超过了 2.2 万次。校方对他的行为非常不满，给了他一个“留校察看”的处分。

“黑客事件”后不久，扎克伯格与他的两个室友莫斯科维茨和休斯一同创建了 Facebook 网站。他们花了一个星期编写程序，把网站定位为哈佛校友的联系平台。2004 年 2 月，Facebook 正式对外推出，它立刻横扫哈佛校园。当月底，就有超过半数的哈佛本科生成为它的注册用户。两个月后，Facebook 的影响力已经遍及所有常春藤院校和其他一些学校。截至 2004 年底，它的注册人数已经突破了 100 万人。

在 2008 年时，当时 Facebook 的广告形式更多的还是展示类广告，传统的媒体类的展示广告没有太多创新之处，也没有很好地利用 Facebook 作为一个 SNS 社交网络平台的独特性。

可以看到扎克伯格在 2009 年推出了赞助类的广告：广告主付费之后，广告系统的推送以及相关的广告展现，与整个 Facebook 的平台内容产生了很好的匹配，广告内容和用户之间的包括用户体验的满意度能够形成比较和谐的局面。

在降低用户体验干扰的前提下，很好地把广告主的需求比较精准地展现在用户的页面里面，成为一个很好的商业模式，而这个模式直接推动了广告业务收入从 3 亿美元倍增到 19 亿美元，2011 年整个公司收入是 37 亿美元，其中 85%是来自于广告，所以这个结果是非常让人惊异的。

（6）企业道德的确定

企业道德是指在企业这一特定的社会经济组织中，依靠社会舆论、传统习惯和内心信念来维持的，以善恶评价为标准的道德原则、道德规范和道德活动的综合。

“道德”这两个字，“道”原是指人行走的道路，引申为事物运动变化的规律和人们行为必须遵循的道理、规范。“道”与“得”的意思相近，是人们实行“道”的原则，内得于己、外施于人，便称为“道”。

企业道德规范体系的设计原则：体现中华民族的优秀传统道德、符合社会公德及家庭美德、突出本行业的职业道德特点。

确定企业道德的步骤和方法：

确认企业的行业性质、事业范围，了解本行业组织或其他企业制度的有关职业道德要求；考察企业的每一类具体工作岗位；汇总这些岗位的道德规范；根据已制订的企业目标、企业哲学、企业宗旨、企业精神，检查初步方案与已有理念是否符合，有无重复；在管理层和员工代表中征求意见。

中国企业的道德体系一般由10方面内容构成：忠诚、无私、勤劳、节俭、团结、廉洁、自强、礼貌、守信、遵纪。

(7) 企业作风的设计

企业作风是指一个企业在长期的生产经营等实践活动中形成的一种风气，是企业内质的外在表现，是企业在各种活动中所表现出来的一贯态度和行为处事的风格，是全体员工在企业发展过程中长期积累并形成的精神风貌。

企业作风是企业的一种氛围、风气，甚至是一种习惯。表面看起来，企业作风看不见、摸不着，但它却影响着企业的发展方向、经营行为。当前，企业作风不健康集中表现在奢侈享受、等级官僚、华而不实三个方面。一些企业办公宾馆化，车不厌豪华，办事讲求排场；一些企业官本位严重，行一言堂，媚上压下；一些企业搞形式主义、弄虚作假、沽名钓誉。所有企业都必须清醒地认识到我们的国家和企业还很穷，我们的任务还很重，路还很长。

企业作风设计“三部曲”：对企业风气现状做全面深入考察；对企业现实风气进行认真区分；考察社会风气和其他企业的作风。

下面是部分企业的企业作风示例：

快速反应，立即行动（海尔）；

严、细、实、快（吉林化学工业公司）；

高、严、细、实（兰州炼油厂）；

团结、勤奋、民主、文明（长虹）。

3. 核心资料：企业文化大纲

《企业文化大纲》可确立企业独具特色的经营理念，是企业生产经营过程中设计、科研、生产、营销、服务、管理等经营理念的识别系统，是企业对当前和未来一个时期的经营目标、经营思想、营销方式和营销形态所做的总体规划和界定。

主要包括：企业精神、企业价值观、企业信条、经营宗旨、经营方针、市场定位、产业构成、组织体制、社会责任和发展规划等。

企业文化大纲是原则的高度概括，对实践的把握就需要用到企业文化手册。企业文化手册是企业文化的实施细则，它明确规定了“是什么、不是什么、做什么、不做什么”。

以下是企业文化手册的模板：

企业文化手册

一、序言（领导人论述企业文化）

二、须知

1. 公司简介 2. 企业文化建设的背景 3. 企业文化管理部门介绍 4. 企业文化的精要描述

三、精神文化

1. 企业的愿景 2. 企业的经营领域 3. 企业的成长方向 4. 企业的竞争优势 5. 企业的战略成功保证 6. 总体价值观 7. 对股东的价值观 8. 对顾客的价值观 9. 对员工的价值观 10. 对合作伙伴的价值观 11. 对社区的价值观 12. 对公众的价值观 13. 创新方针 14. 质量方针 15. 服务方针 16. 团队方针 17. 人才方针 18. 资源方针 19. 管理方针 20. 绩效方针

四、行为文化

1. 员工的行为规范 2. 领导的行为规范 3. 传统性文化活动规范 4. 业务交往行为规范 5. 合作行为规范 6. 竞争行为规范 7. 广告、促销和公共关系行为规范 8. 公益慈善活动规范 9. 仪式和庆典活动规范 10. 节假日活动规范

五、制度文化

1. 与企业文化相关的通用类的管理制度 2. 企业文化建设管理制度 3. 企业文化建设规划的内容与程序

六、物质文化

1. 产品标准 2. 厂容厂貌 3. 员工的生活与福利

七、形象文化

1. 企业标志 2. 企业歌 3. 文化口号 4. 企业故事

八、企业大事记

1. 企业发展史 2. 媒体报道 3. 获奖情况 4. 重大事件 5. 追记与补记内容

以下是海尔的文化手册内容：

海尔集团（概述）海尔是海

发展篇

1. 海尔战略发展的三个阶段

2. 海尔发展的历程

3. 三个方向的转移

管理篇

1. 海尔管理发展的四个阶段

2. 海尔管理理念

3. 海尔管理模式

3.1 OEC 管理法

3.1.1 一个核心 3.1.2 三个基本原则 3.1.3 PDCA

3.2 管理提示

3.2.1 80/20 原则 3.2.2 问题解决三步法 3.2.3 九个控制要素：5W3H1S 3.2.4 6S

理念篇

1. 我们的企业文化

2. 我们的海尔精神

3. 我们的海尔作风

4. 我们的海尔理念

4.1 生存理念　4.2 用人理念　4.3 质量理念　4.4 营销理念　4.5 竞争理念　4.6 市场理念　4.7 售后服务理念　4.8 出口理念　4.9 资本运营理念　4.10 海尔技术改造理念　4.11 技术创新理念　4.12 职能工作服务理念

5. 我们对市场的两条原则

5.1 紧盯市场创美誉　5.2 绝不对市场说"不"

6. 我们的创新观念

6.1 源头论　6.2 资源论·整合力　6.3 市场链　6.4 SST　6.5 零距离销售　6.6 美誉度　6.7 吃"休克鱼"

7. 我们的形象用语

7.1 形象用语　7.2 标准字体　7.3 各类产品形象用语　7.4 海尔中英文标准字体

8. 我们的形象识别标志

9. 我们的吉祥物

10. 时刻提醒

11. 问题警示录

12. 思想警示录

13. 我们的个人修养

14. 我们的思想政治原则

15. 我们的思路

16. 我们的运行模式

4. 案例

汇文大酒店的企业文化是立足于企业生存发展定位，在酒店决策层的指导推动下，通过全体员工的共同努力，不断地提炼升华、丰富成型。

以下是汇文大酒店大事历：

1999 年×月×日酒店成立。

××年×月×日迎接了第一位客人。

××年×月×日接待了第一批团队客人。

××年×月×日得到了第一次客人的书面表扬。

××年×月×日圆满地处理了客人的第一次投诉，为酒店创造了好的口碑。

××年×月×日成功举办了××会议。

2003 年 1 月第一次引入专业的咨询顾问公司。

2003 年 4 月首先提出建设学习型酒店。

2003 年 11 月在博采众长的基础上，形成了具有酒店自己特色的管理实务。

2003 年 12 月形成了具有酒店自己特色的企业文化手册，标志着酒店企业文化的成型。

(1) 共同愿景

服务无缺陷，流程无缝隙，工作无差错，管理无漏洞，把酒店建设成为一流的现代化商务精品酒店。

拥有一个伟大的构想并去实现它，好比是“报时”；为一个组织提供一种保证长期欣欣向荣的机制，好比“造钟”。酒店领导在百忙之中像建筑艺术大师那样，全力打造酒店基业常青的基础。

2003 年 10 月，由张总经理挂帅，庞副总经理专职负责，各部门负责人及业务骨干配合，聘请专业的咨询顾问，成立了酒店管理实务编制委员会。经过大家共同加班加点、日夜奋战，在短短两个多月的时间内，即编写出了长达 36 万字的酒店管理实务，涵盖了人资、财务、营销、服务、工程、餐饮、保洁等酒店管理各方面的工作标准、工作程序、规章制度等内容。其意义不仅是对现有工作的规范，更为酒店的各项目标的达成提供了路线图，为酒店长远地创新发展奠定了制度基础。

(2) 核心价值观

共同拼搏、共同努力，共同成就、共同分享。

顾客的需求是我们一切行为的原动力，员工发展的需要和企业发展的需要同样迫切。在实现共同愿景的前进道路上，我们共同拼搏；在达成企业经营目标的过程中，我们共同努力；成就是我们共同创造的，我们共同分享不断进取和胜利的喜悦。

（3）企业精神

汇聚人文，追求卓越。

酒店是整个人文社会的具体而微者，我们为外出顾客提供涵盖生活起居、商务活动、餐饮娱乐、旅游观光等各个方面的服务，必须秉承人文、人本精神，让中外客商体验到超出其感觉期望的卓越服务。

在竞争激烈的酒店服务业，能够提供卓越服务的酒店，将会在众多的同行中脱颖而出。我们要永远记住：顾客是酒店最大的资产；是顾客支付我们的工资、奖金和福利；顾客只光顾最重视他的酒店，顾客忠诚于总是超越他想象和期望的酒店；我们必须努力以卓越的服务成为目标顾客心目中的第一选择，同时也是最佳的选择！

（4）企业理念

①经营理念——崇尚人本，追求共好

以顾客为本：最大限度地满足顾客需求。

以股东为本：股东的利益是酒店的根本利益。

以员工为本：狠抓严管，深疼厚爱，员工个人与酒店共好。

在我们看来，利益相关者都是上帝。客户是上帝，但上帝不只是客户。员工也是上帝，如果没有员工，谁为客户这个上帝服务，谁为企业创造利润？合作伙伴也是上帝，他们不高兴，员工就会闲着没事干，工作就要出差错。除此之外，投资者、经销者、协作者和左邻右舍都是上帝。只有共赢，酒店才能生存与发展。

②管理理念——大胆假设、系统思考、柔性操作、防范风险

人类因拥有梦想而伟大，然而“求其上，得其中；求其中，得其下；求其下，得其下下”。在制订目标时，每一位决策者都要高瞻远瞩，敢于设定具有挑战性的目标，在通盘考虑、充分论证的基础上，审时度势，敢于拍板，

敢于承担责任，不拖泥带水。同时在每一个项目的执行操作中，要实事求是，尊重客观规律，敢于变革，勇于创新，将风险降到最低限度。

理财不仅是财务部门的事，而且是全体管理者和员工的责任，特别是企业中高层管理者、项目负责人和关键团队要学会理财。理财的前提是要学会“理才”。酒店不仅强调货币资金的运作，更强调对人才及其他资源的优化配置，用最小的投入获取最大的回报。

③服务理念——五心服务，顾客至尊

五心：接待服务要热心，客房服务要贴心，对待宾客要爱心，伙伴合作要诚心，工作时刻最开心。

来者都是客，每一环节都是在为下一环节服务。我们在服务中的一切行为都可以归纳为：酒店对员工的关心、酒店对顾客的负责、酒店对其他利益相关者（如供应商、同行、社会）的相互依存与协作。

不论你在何岗位，不论你的工作是对内还是对外，请记住：你每一个行为的结果都无法逃避“客户”的检阅，客户的满意程度决定着你工作的回报。

④市场理念——市场风云变化，智慧创造一切

没有疲软的市场，只有落后的观念。应以无穷的智慧、不懈的创新、人本的关怀，赢得顾客的口碑，赢得市场份额。

新的服务项目、新的产品面世，一般会出现一段时间的市场供不应求；在市场出现供需平衡之前，不等出现疲软时，就要靠我们汇文人集体的智慧，创新出新一轮的新项目、新产品，持续不断地创造出市场供不应求的局面。如此持之以恒，就会创造出供不应求的市场，产生极大效益的回报。

⑤生存理念——顾客可以没有我们酒店，我们酒店不能没有顾客

在竞争激烈的商业社会中，能够提供卓越服务的公司，将会在众多的竞争者中脱颖而出。我们要永远记住：顾客是公司最大的资产，是顾客支付所有的薪金和红利；顾客只光顾他最受重视的店铺，我们必须是顾客心目中的最佳选择！

了解“客户是谁”与“客户想什么”，是我们“一切为了客户”的认识基础，不能正确回答这两个问题，我们就找不到为客户服务的正确起点，我

们就不知道为客户做什么和怎样做，甚至找不到客户在哪里。你是汇文人，就应当以汇文的方式来树立自己的人生观和价值观，要想到国家，想到社会，想到企业，想到顾客，想到家庭，想到他人，也要想到自己。只有这样，你才是一个有崇高理想的人，一个意志坚强的人，一个摆脱低级趣味的人，一个有光明未来的人；也只有在这个认识基础上，我们的营销、服务才可以由被动走向主动，由跟随市场走到引导市场。

⑥营销理念——服务体验，全员营销

市场竞争的核心是吸引和保留顾客。只有深入体察顾客需求，并以有效方式、合理价格满足顾客，才能在市场上立稳脚跟、赢得顾客的青睐。酒店作为服务业，其品牌来自于顾客的口碑，只有为顾客提供良好的服务体验，才能实现组织的自我营销。营销不只是公关营销部门的工作，从酒店高层到一线员工，每个人都是营销代表，都负有营销酒店形象的责任。

⑦人才理念——知人、容人、用人、做人、育人

企业只是一个舞台，人才不仅要靠组织发现，更要个人充分地表现，只有将具有聪明才智的人才充分地识别、运用、培育，才能形成酒店最大的资源，才能形成我们酒店的核心竞争力。

观点一：人力资源比财物更重要

人力资源与财物资源是企业资本的两个重要部分，而人力资源比财物资源更为重要。道理其实很简单，财力资本是靠人力资本推动保持增值的，没有人力资源或人力资源不佳时，财物资源也不能发挥作用，所以宁可没有财物也要造就人才。

观点二：用好人才比选择人才更关键

在实际工作中，选择人才一般能够受到重视，选才是一个动态过程，不光要有胸怀与眼光，还要把人用在最适合的位置上。我们既要选聘优秀人才，又要充分发挥人的才能，用感情、待遇、事业发展空间留人。

观点三：物质激励比精神激励更重要

基于人是经济人、社会人的特性，物质激励是使人发挥才能的基础。在现阶段还不能把我们的事业、酒店的发展寄希望于个人的思想觉悟上，

关键还要靠制度约束，其中之一是激励制度的约束。我们需要精神激励，更需要采取多种措施实行物质激励，并使其同强有力的约束机制有机结合起来。

观点四：留住人才就是盘活企业资产

人才是我们酒店最重要的资源，我们要用企业愿景留住人才，用职业生涯规划留人，用创业激情留住人才，靠文化留人，靠事业留人。

⑧创新理念——今天比昨天做得好，明天比今天做得更好

不断创新，我们未必会拥有一切；但如果停止创新，我们必定一切没有；如果我们做得还不够好，又不创新，明天就会被淘汰；如果我们已经做得很好，若不创新，明天就会落后，后天还是要被淘汰。

因此我们成功的秘诀就是做到刚好超乎顾客的期望，并且不断改进的过程永不终止。“工作会有完结，改进没有休止”，让它成为我们的行为准则，并将这种待客之道培养成为习惯。

⑨发展理念——顾客永远期望更高，我们追求不懈努力更好

顾客对于每一件事都有期望，对于自己应该得到的对待与尊重，对于卫生标准，对于礼仪礼貌，对于服务水平，对于完成一件事所需的合理时间，等等，都有自己的一套体验。平时顾客一般都不太注意这些期望，在期望得不到满足或超乎满足的情况下，就会有特别的感受。

人类本身的需要，是巨大的推动力量和激励因素，能够提供卓越服务的公司，将会在众多的对手中脱颖而出。顾客要求越来越高、越来越挑剔，并能左右我们事业成败。因此，我们必须都非常看重顾客的想法和感受，努力使自己的工作达到卓越服务的境界。借着发展完善服务，对公司的整体策略做出贡献，以取得和保持竞争优势。

⑩职业化理念——以此为生，精于此道，做一个让组织和团队放心的人

人才是我们酒店的核心资源。我们最需要的是一批会“做人”的员工，一批让组织团队放心的员工。我们坚持只有认同企业文化的、具有职业素养的员工才是我们需要的人才。“做事”要想成功，一定要依据规范、原则，这是专业化的结果。“做事”是需要监督才能够按制度和规则

完成的。“做事”可以监督，但人心则不可以监督，只有高度职业化的员工才能自动自发。

职业化是每一名员工生存和发展的价值与理由。投身汇文大酒店就要尊重企业文化、珍惜职业机会，将个人目标融入企业目标，将小我融入大我，视岗位为舞台，用优异的表演体现个人价值，创造企业价值。

汇文大酒店的每一个员工都要成为具有核心专长与技能的职业选手，成为问不倒、难不倒、为顾客提供综合服务方案的专家。

第二节 行为识别（BI）设计

我们都知道，制度是保证执行的前提，没有制度恐怕不可能有执行力，但是有制度就一定有执行力吗？

我们来看一个案例：东北有一家大型国有企业，因为经营不善导致破产，后来被日本一家财团收购，厂里的人都在翘首盼望日本人能带来什么先进的管理方法。出乎意料的是日方只派了几个人来，除财务、管理、技术等要害部门的高级管理人员换成了日本人外，其他的根本没变——制度没变，人没变，机器设备也没变。

日方就一个要求：把先前制定的制度坚定不移地执行下去！结果不到一年，企业就扭亏为盈了。日本人的绝招是什么？是执行，无条件的执行！

所以，有了制度还不行，还要无条件地执行，当然，执行的前提还是制度。企业 BI 策划，主要包括对企业制度、风俗、员工行为规范的设计和制订，而不仅仅是策划几个内部的文体活动和对外的公共关系活动。

1. BI 内容

企业制度是企业为保证生产经营管理的秩序而制订的成文的工作规程，即一般制度和特殊制度，而不包括企业风俗。企业制度最集中体现了企业理念对员工和企业组织的行为要求，是企业行为识别系统的重要内容。

企业制度体系由多方面构成，主要分为工作制度、责任制度和特殊制度，其中工作制度和责任制度又合称为一般制度。

（1）工作制度

工作制度是企业对各项工作运行程序的管理规定，具体有计划制度、劳资人事制度、生产管理制度、服务管理制度、技术工作及技术管理制度、设备管理制度、劳动管理制度、物资供应管理制度、产品销售管理制度、财务管理制度、生活福利工资管理制度、奖励惩罚制度等。

（2）责任制度

责任制度是企业内部各级组织、各类工作人员的权力及责任的规定，一般包括领导干部责任制度、各职能机构和人员的责任制度和员工的岗位责任制度等。其目的是使每名员工、每个部门都有明确的分工和职责。

（3）特殊制度

特殊制度是企业的非程序化制度。例如员工评议干部制度、总结表彰会制度、干部员工平等对话制度、干部“五必访”制度等。

在企业行为识别系统中，企业风俗及员工行为规范虽然能够反映企业理念对员工的要求，但它们要么不具备强制性，要么强制性较弱，而只有企业制度带有最明显的强制性，因而对员工的言行起着最大的约束性影响，对整个企业形象的塑造具有特别重要的作用。

2. 设计 BI 的思路与方法

（1）工作制度设计

工作制度涉及的具体制度种类繁多，下面着重介绍分配制度、奖励和惩罚制度、教育培训制度、职代会制度、责任制度、特殊制度等。

①分配制度设计

分配制度设计，如图 3－2 所示。

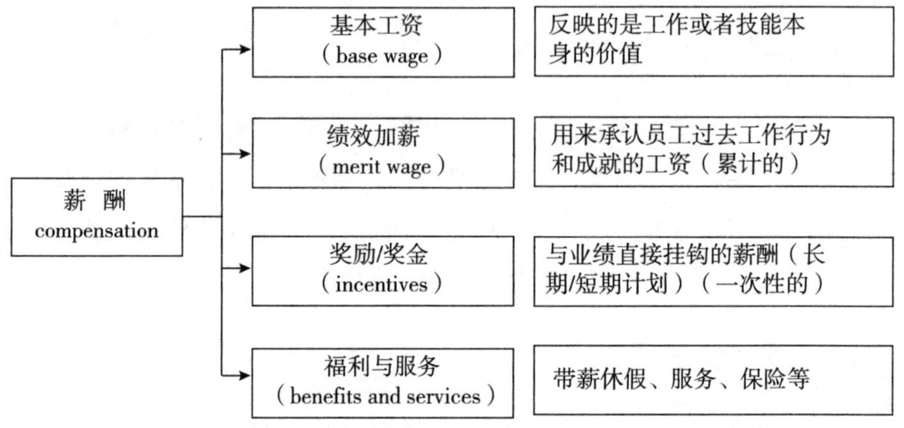

图 3－2　分配制度设计

薪酬设计的理念如图 3－3 所示。

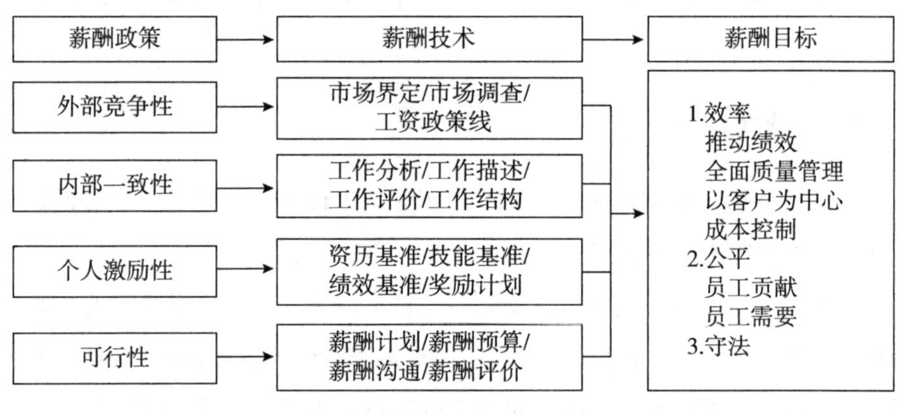

图 3－3　薪酬设计的理念

下面来看一个案例：华谊兄弟入市，“明星”持股。

“过会”前，王中军、王中磊合计持有股权占比 45.88%，持股比例约“3∶1”。作为一致行动人，王氏兄弟二人为华谊兄弟的控股股东和实际控制人。

在王氏兄弟之后，知名企业人士马云、江南春、鲁伟鼎（鲁冠球之子）分别持有10.97%、4.69%、4.69%股权。

另一个为投资者关注的股东群体，则是“演艺人士”。知名电影导演冯小刚、电视剧导演张纪中以2.29%、1.71%的比例，占据这个“持股阵容”的前两名。

从两年前开始，华谊兄弟就让旗下明星认购股权，黄晓明、张涵予、李冰冰等众多艺人都持有华谊兄弟股票。

②奖惩制度的设计

根据美国心理学家斯金纳的强化理论，按强化的性质和目的把激励分为正强化和负强化，即通常所说的奖励和惩罚。由此，奖励和惩罚制度又合称为激励制度。

企业激励制度的目标模式包括：企业目标与个人目标相结合、物质激励与精神激励相结合、外在激励与内在激励相结合、正激励与负激励相结合、公平公正。

在宿舍楼的后面，停放着一部破汽车，大院里的孩子们每当晚上7点时，便攀上车厢蹦跳，嘭嘭之声震耳欲聋，大人们越管，众孩童蹦得越欢，见者无奈。

这天，一个人对孩子们说：“小朋友们，今天你们比赛，蹦得最响的奖玩具手枪一支。”众童欢呼雀跃，争相蹦跳，优者果然得奖。

次日，这个朋友又来到车前，说：“今天继续比赛，奖品为两粒奶糖。”众童见奖品直线下跌，纷纷不悦，无人卖力蹦跳，声音疏稀而弱小。

第三天，朋友又对孩子们言：“今日奖品为花生米二粒。”众童纷纷跳下汽车，皆说：“不蹦了，不蹦了，真没意思，回家看电视了。”

可见，“正面难攻”的情况下，采用“奖励递减法”可起到奇妙心理效应。

③教育培训制度设计

培育高素质员工队伍是企业长盛不衰的重要途径，也是现代企业塑造良好形象、建设优良企业文化的根本保证。

要造就高素质的员工队伍，一是不断吸引社会优秀的人才加盟，二是加强对企业现有员工的教育和培训，通过提高他们的思想观念、技术水平和综合素质，实现完善现代化队伍的结构、提高整体素质的目的。例如：早在1975年，英特尔公司开办了英特尔大学。

不同的企业在教育培训的具体内容和实施方面有所不同，但一般具有以下特点：培训目标系统化、培训工作经常化、培训内容丰富化、培训过程阶段化、培训形式多样化，如图3－4所示。

在职培训	离职培训	在职管理培训	离职管理培训
在职培训 观察 助手 工作轮换 特殊任务指派 学徒培训	视听培训 模拟培训 网络培训 讲座 电视教学	工作轮换 指导学习 行动学习	案例研究 管理游戏 外部研讨会 大学项目 角色扮演 行为示范 企业大学 经理人教练

图3－4 教育培训制度设计

从企业组织结构层次来看，教育培训可以分为普通员工培训和经理人员培训。经理人员的培训内容主要包括修养、知识、能力、技巧。普通员工的培训一般包括基本知识、业务技能、工作规范、职业道德等。具体到不同企业有所不同。

UPS美国联合包裹速递服务公司是当今全球速递行业的“四大巨头”之一。新人进入公司伊始，要进行一些常规性的培训，如走一步要迈多大，如何娴熟地左手系安全带、右手插钥匙开启车门，与客户交流时怎样增强语气中的亲切感，等等。这样的培训自有其妙处。

例如，培训中要求外务员递货时钥匙要挂在左手的小指上，因为这样开关车门可以节省两秒钟的时间。一个人一件货物节省两秒钟时间，每天 37 万员工能节省多少时间？

面对特殊货物的时候，UPS 员工还会接受个性化培训。一个比较经典的故事是这样的：UPS 受托递送一批吉他，但客户要求，吉他送到收件方手中时，音色不能发生任何变化。长途飞行中货物的颠簸是难免的，为了圆满地完成客户所托，UPS 专门送一些递送人员去学习调音。这样，等到收件人收到吉他、拨弄琴弦时，他会惊喜地发现，吉他的音色美妙如初。这种常规性和个性化相结合的培训，使新员工很快成为 UPS 的合格员工。

员工教育培训的误区主要有以下几点：重视对中下层的培训，忽视中高层自身的提高；重视知识、技能培训，轻视思想、品德的教育；重视企业组织对培训的需要，忽视员工个体的参训需要；重视不足型人才的培训，忽视人力资源的系统开发；重视教育培训的过程管理，忽视对培训效果的检验。

④职代会制度设计

职代会制度富有中国特色，也是我们的政治优势，通过职工代表大会这一基本形式，职工群众可参与企业民主管理和民主监督。

职代会制度的目标模式。健全的职代会制度体现在以下四个方面：要实行厂务公开；具有广泛的代表性；定期议事，畅所欲言；对涉及职工利益的重大问题具有决策权。

⑤责任制度设计

大庆油田是新中国比较早建立岗位责任制度的大型企业，他们的做法引起了许多企业的重视。目前，各种形式的责任制度逐渐成为我国企业加强内部管理的重要制度，是构成企业制度体系不可缺少的一个方面。

责任制度的基本做法是：按照责任权利组合的原则，将企业的目标体系以及保证企业目标得以实现的各项任务、措施、指标层层分解，落实到单位和个人，全部纳入“包—保—核”的体系。

责任制度的三要素。“包、保、核”是责任制度的三要素。

包：采取纵向层层包的办法，把各项经济指标和工作要求依次落实到每个单位、每个部门、每个岗位、每名员工身上。

保：就是横向实行互相保证，把企业内部单位之间、岗位之间的具体协作要求，一件件落实到人。

核：对企业内部每个单位、每个岗位的每项责任都要进行严格考核。

建立企业责任制度应该注意以下问题：责任分解要科学合理、公正公平；注意发挥员工的主观能动性；正确处理“包、保、核”的关系；正确处理责、权、利三者的关系。

⑥特殊制度设计

与责任制度相比，特殊制度更能体现企业文化的精神层要素，有利于塑造鲜明充实的企业形象。如海尔集团的“三干制”“中层干部受控制”“OEC制度”等。

（2）企业风俗的设计

企业风俗是企业长期相沿、约定俗成的典礼、仪式、习惯行为、节日、活动等。由于企业风俗因企业的不同而有所不同，甚至有很大差别，因而成为区别不同企业的显著标志之一，在企业行为识别系统中占有很重要地位。

①企业风俗的分类

企业风俗按照载体和表现形式可以划分为风俗习惯和风俗活动，按是否企业特有可分为一般风俗和特殊风俗，按对企业的影响可分为良好风俗、不良风俗和不相关风俗。

②企业风俗的作用

企业风俗具有引导作用、凝聚作用、约束作用、辐射作用。

唐纳·希尔顿每到一家希尔顿饭店，问得最多的是：“你今天对客人微笑了没有?”良好的礼仪使希尔顿饭店度过了20世纪30年代美国大萧条，走出困境，步入坦途，并带来了巨额丰厚利润。

再看一个案例：

百货连锁店沃尔玛有一个特有的习俗，那就是只要公司的利润率达到8%以上，公司董事长兼CEO萨姆·沃尔顿就带领员工身穿草裙，头戴花环，尽情在华尔街上跳舞，边跳边唱："来一个W，来一个M，我们就是沃尔玛！来一个A，来一个A，顾客第一沃尔玛！来一个L，来一个R，天天平价沃尔玛！我们跺跺脚！来一个T，沃尔玛，沃尔玛，呼呼呼！"

在国内，也有这样的故事：

在阿里巴巴，有一个不成文但被严格执行的规定：无论胖瘦、高矮，新进人员都必须在三个月内学会靠墙倒立，而且必须坚持30秒以上，否则，只能卷铺盖走人。这个"规矩"的制定者，正是阿里巴巴的领袖马云。

日本电视剧《排球女将》在我国最流行的那几年，大江南北都可以见到孩子们挂在树上，练习"流星火箭"和"晴空霹雳"；或者在墙脚排成一排，练倒立。身材矮小的马云没有练成"流星火箭"，也不会"晴空霹雳"，但是，倒立却练得炉火纯青，甚至学会了单手倒立的绝技。2003年，马云儿时的偶像——小鹿纯子（电视剧《排球女将》的主角，荒木由美子饰演）应邀来阿里巴巴做客。偶像要来自己的公司了，以什么样的方式迎接她呢？马云苦思冥想，最终想到了倒立。

于是，为了迎接马云的偶像，阿里巴巴的员工们开始练倒立，而且立出了花样——十几个人叠着倒立。今天，在淘宝刚刚搬迁的钱江南岸新大楼的墙上，人们还能看到当时十几个人叠着倒立的照片，场面蔚为壮观。如此别出心裁的欢迎仪式令当年的"排球女将"非常感动，也非常惊讶。

③设计和培育新的企业风俗

优良企业风俗的目标模式：体现企业文化的精神层内涵；与企业文化制度层要素和谐一致；与企业文化物质层相适应。

日本松下电器株式会社的社长松下幸之助非常注意发挥企业习俗的

作用。他主张建立了朝会和夕会的习俗，即利用每天上下班5分钟的时间，各部门、各单位的员工聚在一起进行宣誓、总结。朝会时，要唱社歌："为建设新日本同心协力！不断地努力生产！我们为世人提供的商品，犹如涌泉一般。振兴产业……"振兴产业！还要全体朗诵公司精神：产业报国、光明正大、亲爱精诚、奋斗向上、遵守礼节、顺应同化、感恩图报。

④对现有企业风俗的改造

企业风俗的设计和改造其实包括两个方面的内容：一是设计和培育新的企业风俗；二是对现有风俗的改进。

改造现有企业风俗，具体方法有下述四种：扬长避短法、立竿见影法、潜移默化法、脱胎换骨法。

IBM公司成立于1914年，创办人托马斯·沃森看到当时企业内部风气不良，许多老工作人员欺压新来者，两者之间结下仇怨，员工内部很不团结。

为了解决这类问题，托马斯·沃森要求管理者不要虐待或粗暴地对待雇员，而要设法让他们对自己和他们所从事的工作产生好感，通过尊重员工的权利和尊严来调动员工的积极性，促进劳资双方的协作关系。

他还叫人专门制订了工作礼节的自我检查手册，人手一册，随时对照检查。同时，为检查员工是否遵守必要的礼节，他在各个基层中，任命1~2名的"礼节委员"，因为身边有礼节委员的监督，员工很少做出不礼貌的行为。

IBM工作礼节的主要内容包括：

一是相互问候，人与人的关系是从相互打招呼、亲切问候开始的。公司要求每天第一次见面都要相互行礼，并说声"早"或"好"。

二是谦虚有礼，要求员工在日常交往中，常用尊敬语、自谦语。

三是友好接待客人，凡来访客人，就是全公司的客人，一定要热情接待。

四是要在电梯上展示文明形象，公司要求上下电梯时请客人先行并对先乘的客人微笑示意。

五是讲究电话礼仪，电话是公司的窗口，公司要求先报自己的名字，事先整理好通话要点，努力在3分钟内打完。接电话时，电话铃响两次以前应接电话，倘若响过两次后才接电话，要说："让您久等了"。

总之，IBM公司试图通过这些生活细节的规范化，提高员工的道德素质，从而在公司里形成文明礼貌、友爱互助的良好风气。

优良企业风俗举例，如月亮节、生日晚会、朝会等。

(3) 员工行为规范的设计

一些重视管理的企业看到了共性行为习惯的重要性，有意识地提出了员工在共同工作中行为和习惯的标准——员工行为规范。这种行为规范的强制性虽然不如企业制度，但带有明显的导向性和约束性，通过在企业中的倡导和推行，容易在员工群体中形成共识和自觉意识，从而促使员工的言行举止和工作习惯向企业期望的方向发展。

①员工行为规范的内容

员工行为规范的主要内容包括：仪表仪容、岗位纪律、工作程序、待人接物、环境与安全、素质与修养等。

中国建设银行员工职业形象要求包括以下几个方面：仪表、举止、语言、纪律、卫生及服务态度。

一、着装整洁，仪表大方

第一条，着装整洁。建设银行员工上班时应着装整洁，保持服装洁净得体，衣扣整齐，不敞胸露怀，不挽袖挽裤。因气候和办公条件限制，各地方行制定着装要求时应因地制宜。男员工应穿深色皮鞋、袜子；女员工应穿黑色或白色皮鞋，穿裙子时避免露出袜口。

第二条，发型大方。头发应整洁，发型大方得体，经常洗理，不得染异色。男员工不留长须、长发，女员工不得有怪异发型。

第三条，装饰得体。女员工可适度化妆，不得浓妆艳抹，不留长指甲，不涂有色指甲油，不能佩戴过多过于耀眼的饰物，每只手戴的戒指不超过一个，男员工应保持面部清净，不能留小胡子，不得戴有色眼镜从事工作。

二、举止大方，行为端庄

第一条，站姿挺拔。站立时应保持收腹挺胸，不弯腰。男员工站立时双脚分开，与肩同宽；女员工站立时双脚并拢，双手自然下垂，交叉于腹前、背后。

第二条，坐姿文雅。坐时臀部应坐在椅子的三分之二处，胸口与桌面平齐。伏案书写，应以肘撑起上身重量，姿态端正，不倾斜。不要趴在桌子或斜躺在椅子上。

第三条，行姿稳重。行走时，身体重心可微向前倾，收腹挺胸，抬头平视，两臂自然摆动。多人同行时不要勾肩搭背，不要并成一排。遇有紧迫事情，可加快步伐，但不可慌张奔跑。

第四条，行为文明。在客户面前或工作场合不能剪指甲、化妆、抠鼻子、剔牙齿、挖耳朵、打哈欠、脱鞋、颤腿、伸懒腰。

当前，有媒体曝出，美国一银行女职员因长得太漂亮被银行开除。这位漂亮女子伦罗萨娜说，她被花旗银行纽约分行开除，理由是银行嫌其每日穿衣打扮总是令办公室男职员分散注意力，而且该分行大部分员工都是男性。

这位波多黎各裔女子还说，她的老板曾给过她一份穿衣单，上面列出了禁止她穿的衣服，其中包括铅笔裙、紧身衣和圆领衣等。

②登高作业十不准

患有登高禁忌症者，如患有高血压、心脏病、贫血、癫痫等的工人不准登高；未按规定办理高处作业审批手续的不准登高；没有戴安全帽、系安全带，不扎紧裤管和无人监护不准登高；暴雨、大雾、六级以上大风时，露天不准登高；脚手架、跳板不牢不准登高；梯子撑脚无防滑措施不准登高，采用起重吊运、攀爬脚手架、攀爬设备等方式不准登高；穿着易滑鞋和携带笨重物件不准登高；石棉瓦和玻璃钢瓦片上无牢固跳板不准登高；高压线旁无遮拦不准登高；夜间照明不足不准登高。

③职业微笑标准

笑的标准，简单明了地说就是：表情愉快，双眼明亮，注视对方“小三点”（眼睛和鼻子呈倒三角）态度坦诚。工作场合不宜开怀大笑，应是微微流露笑意，会心含蓄地笑。

不要机械地笑，机械地笑会让客人感觉到莫名其妙、不可理喻，也不宜随时咧嘴笑，微笑应该是自然表情的流露，面对客人应表现出热情、亲切、真诚、友好。必要的时候还要有同情的表情。

沃尔玛服务顾客的秘诀之一就是“三米微笑原则”。“希望每个员工能够保证，每当在三米以内遇到一位顾客时，要会看着他的眼睛与他打招呼，同时询问你能为他做些什么。”

头上顶书、双膝夹纸、笑露6齿，这些都是北京奥运会颁奖礼仪志愿者即“奥运礼仪小姐”的训练项目。在北京奥运会颁奖礼仪志愿者培训情况发布会上，30余名候选人展示了礼仪训练内容。

微笑时牙齿露出6~8颗，脸部表情不能僵硬，这就是“奥运微笑”的标准，但10分钟下来，有的候选人笑得脸上渗出汗来。曾参加测试赛颁奖礼仪服务的郝婧钰说：“开始拿不好这个微笑的度，每人就咬着一根筷子练习，一节课下来嘴都麻了，但过几天一开口就基本达标了。”

为练好站姿，穿着5厘米高的高跟鞋的候选人，将一本书放在头顶，双膝夹住1张白纸。郝婧钰说：“这个姿势并不简单，往往一站就是一个小时，书和纸都不能掉下来。等到休息时，两条腿连打弯都特别疼。”

3. 核心资料：员工行为手册

《员工行为手册》是企业实践经营理念与创造企业文化的准则，对企业运营方式所做的统一规划而形成的动态识别形态。它以经营理念为基本出发点。

对内是建立完善的组织制度、管理规范、职员教育、行为规范和福利制度。对外则是开拓市场调查、进行产品开发，通过社会公益文化活动、公共关系、营销活动等方式来传达企业理念，以获得社会公众对企业识别认同的形式。

企业理念是企业文化的核心和灵魂，是制定企业制度的根本指导思想和最高原则。企业价值观是企业制度所规范的企业一切活动的出发点，企业最高目标是他们的归宿点，企业哲学、企业宗旨、企业精神、企业道德、企业作风也分别从不同角度、不同层次对企业行为发挥决定性作用。

4. 案例

下面是雅居乐集团员工管理制度：

1 工作纪律

1.1 准时上下班，各司其职，保持办公室安静。

1.2 上班时间不阅读与工作无关的书报，不浏览与工作无关的网页，不处理私人事务。

1.3 不随意翻阅他人文件，未经许可不进入他人办公室。

1.4 遵守保密制度，重要文件要放入抽屉上锁。

1.5 准时参加各类会议、培训、员工活动。

1.6 服从公司工作分配和上级工作安排，不私自调班、调休。

1.7 下班时，须整理办公用品或工具，关闭空调、照明电源及其他办公设备。下班后，不在办公室处理私事或逗留。

2 廉政与保密

2.1 在公司任职期间，不得兼职。

2.2 廉洁奉公，忠于职守，不利用职权或职务上的影响谋取不正当利益。

2.3 谨慎处理供应商、施工单位和投标单位等利益相关者的宴请、娱乐活动。

2.4 除本职日常业务外，未经公司授权或批准，员工不能从事下列活动。

2.4.1 以公司名义考察、谈判、签约。

2.4.2 以公司名义提供担保、证明。

2.4.3 以公司名义对新闻媒介发表意见、消息。

2.4.4 代表公司出席公众活动。

2.5 员工应对公司商业秘密承担保密责任。

2.5.1 公司一切未经公开披露的信息均属商业秘密，掌握信息的职员不得以任何方式泄露。

2.5.2 员工薪酬属于个人隐私，其他人不得询问、议论。

2.5.3 员工接受其他机构个人的邀请进行演讲、研讨或授课，如果涉及公司业务或经营管理的内容，必须获得公司审批。

2.5.4 其他日常工作中的保密事项，遵守公司保密制度的有关规定。

3 职业礼仪

3.1 上班时间衣着大方得体。

3.2 有制服者要按规定着装并保持衣冠整洁。

3.3 进入办公区域，须佩戴工作证。

3.4 不留怪异发型，头发保持整洁。

3.5 不佩戴夸张的首饰，不浓妆艳抹。

3.6 与上司、同事、客户相遇，不管是否认识都应问好或点头致意。

3.7 使用电话注意简单明了，要自我介绍、确认内容，并礼貌地结束。

3.8 接听领导工作安排电话，要做好记录，并按要求及时处理、及时反馈。

3.9 代接同事电话时，要做好必要记录并及时转达。

3.10 办公时间离开工作岗位，应与同事交代去向及紧急联系方式。

3.11 接待来访、业务洽谈要避免影响他人，有条件的应安排在洽谈室、接待室或其他合适区域进行。

3.12 在办公区域行走，要保持合适的步伐，既不要快速奔跑，也不要慢条斯理地阻碍他人；遇到客人或者领导应主动礼让。

3.13　注意保持整洁的办公环境，不在办公区域进食或在非吸烟区吸烟。

3.14　恰当地设置手机铃声和音量，办公区域内适当调低音量，参加培训、会议时应设置静音或者关机。

4　考勤

4.1　工作时间

4.1.1　公司根据业务性质、岗位特点的差异，实行不同的工时制度，包括：长短周工作制、不定时工作制、综合计算工时工作制等。

4.1.2　具体作息时间因项目所在地区、业务性质不同而有所差异。详情可咨询人事部门或任职部门负责人。

4.2　请假

4.2.1　员工休假前，应填写《员工请假单》，经有审批权的领导批准后方能休假。

4.2.2　一般情况下，员工每年请事假累计不超过13天。

4.2.3　擅自缺勤（含迟到、早退）两小时以上，视为旷工。

4.3　打卡

4.3.1　行政六级以下员工上、下班必须亲自到指定地点打卡，不得代人打卡或请他人打卡。

4.3.2　因公或其他原因不能打卡者，应填写签卡证明，由直属上司审批后交人事部门。

4.4　加班

4.4.1　加班分超时加班和超勤加班。因工作需要，在正常日工作时间外发生的加班为超时加班；在休息日（轮休日）、法定节假日发生的加班为超勤加班。

4.4.2　因工作需要安排加班，员工应于事前填写加班申请单，经任职部门及行政人事部负责人批准后方可安排加班。如因特殊情况不能提前填写《加班申请单》，应在事后2天内补办加班手续。

4.4.3　加班原则上应以调休形式处理（法定节假日加班除外），因工作需要不能调休者，可按规定补薪。

4.4.4 员工工余或节假日参加培训、文娱活动、郊游、聚餐、志愿者活动以及保安员日常训练不计加班。

第三节 视觉识别（VI）设计

将物质层归入企业文化，不是说一间厂房、一台设备、一堆原料等所具有的实际物质形态就是企业文化，而是指从物质形态中折射出来的经营哲学、企业精神、工作作风和审美意识等企业理念。企业理念外化为器物文化，在物质层的各个具体组成方面都可以得到体现。

比如，德国车以质量好著称；意大利拥有世界上一流的汽车设计师、一流的跑车；美系车豪放、狂野、不拘小节、马力较强，并注意车厢宽敞，内部设施豪华，外观粗线条；日本车往往给人感觉性价比很高，虽然它不是最好的车，但是它是最实惠的车，而且日本人造车非常地注重细节，所以日本车给人的感觉是做工比较细致。

1. VI 的内容

企业视觉形象的基础是由企业名称、标志、标准字、标准色构成，它们被称作 VI 识别的四个核心要素。这些要素体现企业文化精神层的要求，充分传达企业理念。

（1）企业名称设计

过去计划经济体制下，我国企业名称基本上都是由上级主管部门决定的，企业自身没有多少发言权，而且在当时的形势下定什么名称对企业经营也的确并不重要。

概括多数企业，当时企业名称不外这样几种类型：带有浓厚政治色彩的名称，以地名作为名称，以数字作为名称，地名和数字结合起来作为名称，少数沿用新中国成立前老字号的名称。

设计企业名称，不仅是建立新企业时的必要步骤，而且是老企业进行二次创业、塑造崭新形象的需要。综合国内外企业名称设计的情况，我们认为企业名称设计一般要符合下列特点：

具有个性，比如联想、传奇、苹果。

民族性与国际性，比如华为、同方。

简易，比如奔驰（Mercedes - Benz）。

总而言之，命名不仅仅是一个简单的语言技巧问题，而是在对文化背景、民族心理、消费心理等方面深刻把握的基础上，才有可能找到一个令人称心如意的响亮名称。

（2）企业标志设计

企业标志是企业的文字名称、图案或文字图案相结合的一种平面设计。标志是企业整体形象的浓缩和集中表现，是企业目标、企业哲学、企业精神等的凝聚和载体。

企业标志的重要功能是传达企业信息，即通过企业标志让社会公众产生对企业的印象和认识。企业标志一般被应用在企业广告、产品及其包装、旗帜、服装及各种公共关系用品中。

企业标志的基本形式一般有三类：

①表音形式，由企业名称的关键文字或某些字母组合而成。如 IBM（international business machine）、春兰。

图 3－5　IBM 企业标识

图 3－6　春兰企业标识

②表形形式，由比较简明的几何图形或象形图案构成，图形本身就代表一定的含义，而且经过平面设计师的处理，形象感很强。如新飞集团、广州市旭日广告公司。

图 3－7　新飞集团企业标识

图 3－8　旭日广告公司企业标识

③音形形式，即把上述两者结合起来。此类标志兼有前述两种类型的优点，又在一定程度上避免了他们各自的缺点。如中国银行、摩托罗拉（Motorola）。

图 3－9　中国银行企业标识

图 3－10　摩托罗拉企业标识

企业标志的设计，基本上都是遵循下列步骤：明确设计目的，提出设计预案；拟定设计要求，落实设计任务；进行方案评价，确定中选标志；企业标志定稿，进行辅助设计。

设计企业标志，除依靠专业人员以外，发动企业员工和社会公众参与设计是一个很好的创意，这不但能集中群众智慧，而且使得新标志比较容易深入人心。

（3）企业标准字设计

标准字是指将企业名称或品牌名字经过特殊设计后确定下来的规范化的平面（乃至立体）表达形式。作为企业形象的核心要素之一，标准字与企业标志及商标一样，能够表达丰富的内涵，如图3－11所示。

图3－11　标准字示例

标准字设计遵循的原则：易辨性原则、艺术性原则、协调性原则、传达性原则。标准字的设计步骤：调查研究，提出或征集不同的设计方案，方案评估。

（4）企业标准色设计

企业标准色是指经过设计后被选定的代表企业形象的特定色彩。色彩三要素为色相、明度和彩度。色相是色彩的相貌，是一种色彩区别于另一种色彩的名称；明度是指色彩的明暗程度；彩度是色彩的纯度或浓度、饱和度。

调查研究表明色彩具有冷暖、胀缩、轻重、进退、兴奋与沉静等不同感觉。

你最喜欢的人出现在眼前，你会希望他穿什么颜色的西装？

蓝色：你最好不要找那些爱出风头和太活跃的异性作为伴侣。潜意识中，你渴望他是一个“住家男人”，每个傍晚能跟你一起到市场买菜，然后回家与你共度夜晚。这个男人的事业不需要如日中天，也不需要有什么名望。你只希望他能够天天陪伴自己，这就是你最渴望的甜蜜爱人。

灰色：一个人爱上另一个人，原因有千万个。对你来说，是因为这个男人跟你相似的地方太多了。灰色代表中性，倘若你希望心爱的男人披上一件灰色西装迎接自己，这暗示着你对这个男人没有多强烈的感觉。你恋上他是因为他跟你同声同气，例如，拥有相同的小习惯、口头禅。

白色：纯情如你。白色的西装代表着一种对纯洁无瑕的爱情的崇拜，你渴望爱人像个白马王子，风度翩翩，温文有礼。可是，这种男人已成为“稀有动物”。在爱情路上，你不免遭受挫折，最后，只得把那份崇拜放到小说中被描写得活灵活现的男主角身上，

黑色：黑色除了代表“神秘”之外，也是具有丰富想象力的象征性颜色。什么男人最吸引你？相信艺术家、编剧等职业的男人最容易吸引你。他们的无穷想象力为你带来欣喜，这类男人懂得怎样征服你。

2. 设计 VI 的思路与方法

视觉识别设计（VI）是企业文化设计中最外在、最直接、最具有传播力和感染力的部分。VI 设计是将企业标志的基本要素，以强力方针及管理系统有效地展开，形成企业固有的视觉形象，它透过视觉符号的设计统一化来传达精神与经营理念，有效地推广企业及其产品的知名度和形象。

因此，企业识别系统是以视觉识别系统为基础，并将企业识别的基本精神充分地体现出来，使企业产品名牌化，同时对推进产品进入市场起着直接的作用。VI 设计从视觉上表现了企业的经营理念和精神文化，从而形成独特

的企业形象，其本身又具有形象的价值。

VI 设计各视觉要素的组合系统是因企业的规模、产品内容而有不同的组合形式，通常最基本的是企业名称的标准字与标志等要素组成一组一组的单元，以配合各种不同的应用项目，各种视觉设计要素在各应用项目上的组合关系一经确定，就应严格地固定下来，以期达到通过统一性、系统化来加强视觉表现力的作用。

VI 设计的基本要素系统严格规定了标志图形标识、中英文字体形、标准色彩、企业象征图案及其组合形式，从根本上规范了企业的视觉基本要素，基本要素系统是企业形象的核心部分，基本要素系统包括：企业名称、企业标志、企业标准字、标准色彩、象征图案、组合应用和企业标语口号等。

（1）企业文化用品设计

①杆旗（如：规格 2400mm × 1600mm）

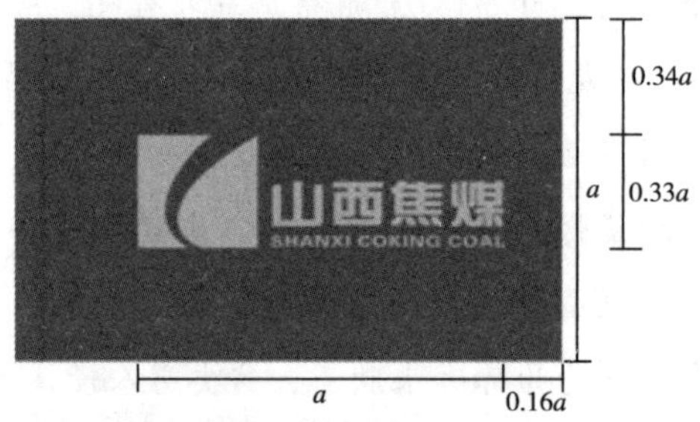

图 3－12　杆旗示例

②桌旗（如：规格 220mm × 140mm）

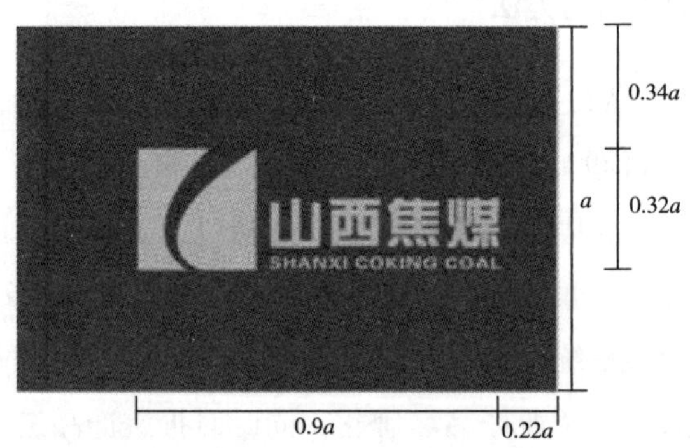

图 3－13　桌旗示例

③企业服装设计

服装设计的任务和原则：满足工作需要、反映企业文化、美观大方。比如，全国所有麦当劳餐厅的员工换上了色彩清新、风格简约的全新制服，以更时尚、更有活力的面貌为顾客提供更亲切、更贴心的服务。

④企业名片设计

名片三要素：姓名、身份和联系方式。设计常识与要求：规格、布局与文字、材质与色彩。

（2）企业物质环境的设计

物质环境设计包括：企业所处的自然环境，建筑布局和建筑风格，厂房（车间、办公楼、商店）的装修和布局，建筑雕塑，等等。

①企业自然环境与建筑布局设计

人虽不能违背自然规律，但却可以选择、利用自然环境，通过认识自然规律来改造和优化自然环境。企业建筑布局既是对自然环境的适应和利用，又对企业自然环境的影响和改造起着很明显的作用，是大自然和人类社会的一个结合点。

企业自然环境与建筑布局设计的目标是在企业内部建立一个与人类生理和心理需要相一致的环境，实现人与自然的和谐。这一目标可进一步分解为五个子目标：

安全目标——最低层次的目标，指企业选址、规划和建筑总体布局及构造要符合安全要求。

经济目标——即自然环境与建筑布局设计要充分挖掘和利用现有的自然资源，做到经济实用。

美化目标——从企业员工和社会公众两个角度来看，创造优美的企业环境是企业自然环境和建筑布局时要努力实现的一个子目标。

生态目标——又叫可持续发展目标，是企业自然环境与建筑布局设计时要求层次很高也很不容易实现的子目标。

文化目标——即企业物质环境要突出文化氛围，充分反映企业价值观的要求，体现企业文化物质层与精神层的结合。

2012年普利兹克建筑奖于2月28日揭晓，王澍获得这一被称为“建筑学界诺贝尔奖”的全球建筑领域最高荣誉。这是中国建筑师首次获此殊荣，王澍成为继华裔建筑大师贝聿铭后第二位获得该奖的华人。

获奖理由：尊重传统，面向未来。

最能代表他思想和工作个性的作品是宁波博物馆。他在该馆使用了大量从当地拆迁工地上找回来的废弃建筑材料。

“我想告诉人们曾经的城市生活是怎样的。10多年前，这里是这个美丽海港城市中一片有30多个传统村落的地方，到我们设计时，几乎所有的东西都被拆除了，这里变成了几乎没有回忆的城市。我把能在这个地区收集到的各种旧建筑材料再次利用，与新材料一起在新的建筑上混合建造，我想建造一个有自我生命的小城市，它能把这座城市的回忆重新唤醒。”

②厂房设计

这里的厂房设计不是从建筑工程和结构工程的角度，而是从文化的角度来进行分析和介绍。

厂房的布局设计：符合技术工艺特点、员工生理和心理需求。比如，东莞樟木头镇一企业的员工在工作时间可以点歌。

③办公室设计

办公室设计主要包括办公用房的规划，装修、室内色彩灯光音响的设计、办公用品及装饰品的配置和摆设等。办公室设计有三个层次的目标：经济实用、美观大方、独具品位。

根据目标组合，无论哪类人员的办公室，在设计上都应符合下述基本要求：符合企业实际，符合行业特点，符合使用要求，符合工作性质。

办公室布置因使用人员的岗位职责、工作性质、实用要求等不同而有所区别。例如董事长、执行董事等的办公室有如下特点：相对封闭，相对宽敞，方便工作，特色鲜明。

滑板车、电玩、小吃、饮料……如果你走进世界上任何一个谷歌的办公室，你都会看到这些玩意。你会怀疑自己走进了一家俱乐部，完全不可能把你看到的情景，跟互联网“大财主”谷歌联系到一起。

在位于加利福尼亚山景城的谷歌总部中，轻松活泼的设置随处可见。在公司门口黑色的屏幕上，实时滚动着来自全球以各种文字发出的搜索关键词。屏幕附近摆放着各种颜色的熔岩灯，里面的彩色热敏蜡泡上下翻动，五彩的光线弥漫在房间各个角落。

办公室内的沙发都选用了鲜艳的颜色，员工写程序写得累了，可以躺在上面或者躲进帐篷里舒舒服服睡一觉。需要讨论问题时，员工还可以把“豆包椅”滚到一起，用屁股把它坐成自己喜欢的形状，窝在里面畅所欲言。而两位创始人拉里·佩奇、谢尔盖·布林和CEO施密特也经常脚踩滑板车，倚在桌球台上，和员工开会。

谷歌舒适的办公环境、免费的餐饮及自由的装饰布置，和它无休止的创新冲动一起，成为公司文化的一部分。

图3－14　谷歌办公环境（一）

图 3-15 谷歌办公环境（二）

④商店设计

商店设计必须坚持以顾客为中心的原则，处处尊重顾客、方便顾客、满足顾客。商店设计的目标、原则可以员工安全、方便、舒适美观等方面的要求来体现。

安全：结构设计时必须预留安全通道，保持良好的通风，内外装修必须采用无毒、阻燃的建筑材料，同时配备消防器材等。

方便：按基本功能、主要用途分区，采用开放式的货架，具备方便顾客购物的各种配套设施。

舒适美观：光线良好，温湿度适宜，设置休息区。

（3）企业产品的造型包装设计

①产品外形包装的价值

人们购买一种商品，必然因为其有着某种使用价值，简言之“有用”。在生产、安全等基本需要得到满足以后，人们越来越重视对物质产品的美的追求。实践表明，同样功能、价格的产品，造型包装美观的，市场销售状况要好于差一些的。

我们认为市场上的竞争，除了质量和功能的竞争外，产品形式是否具备符合消费者美学观念已经成为竞争的关键，产品的造型包装等日益成为产品竞争力的组成要素。

制瓶工人罗特有一天看到他的女朋友穿着一套膝盖上面部分较窄使腰部显得很有魅力的裙子。罗特的双眼紧盯着这条裙子，越看越觉得线条优美。他想，要是制成像这条裙子形状的瓶子也许不错。于是他立即加以研究。经过半个多月的努力，一种新式的瓶子问世了。

据专家说，理想的瓶子应该具备下列条件：握住瓶子颈时，不会有滑落的感觉；里面所装的液体，看起来比实际分量多；外观别致。罗特制作的这种瓶子完全具备了上述优点。

1923 年，罗特把这项专利权以 600 万美元卖给可口可乐公司，因而一夜之间便成为富翁。

图 3－16　可口可乐瓶子造型

②产品造型设计

产品造型设计是工业美术的主要内容之一，也是构成产品审美功能的重要组成部分。

产品造型设计又称为外观设计，指对整个产品立体和平面的几何形状设计。造型设计的主要步骤分为：草图阶段、定稿阶段。

根据造型设计的目的和特点，在具体设计作业时要注意：突出视觉效果，符合审美要求，反映时代潮流，体现个性差异。

例如，BENZ 历史经典车型：

图 3－17　BENZ 历史经典车型（一）

图 3－18　BENZ 历史经典车型（二）

图 3－19　BENZ 历史经典车型（三）

③产品包装设计

严格说产品包装既指用包装物包裹产品活动的过程，又指包装本身。美国市场营销专家科特勒说："包装是指设计并生产容器或包装物的一系列活动。这种容器或包装物被称为包装"。本书所指为后者，即包装物。

产品包装一般分为三个层次：基本包装、次级包装（基本包装的保护层，如酒的盒子）、运输包装。

产品包装由五个要素构成：商标、企业或产品及标准字等；形状；色彩；图案；材料。比如，包装色彩设计要从产品、象征产品内容、目标市场、消费心理、陈列环境、印制工艺等多方面来考虑。一般来说，大众化的日用商品在色彩上要便于辨认，并表现产品的优质感，且有贴近消费者的亲切感；日常食品的包装色彩要能够突出产品形象，激发消费者食欲；高档产品的包装色彩既要突出神秘高贵的气质，又要优雅大方。

Vivienne Westwood 酒瓶将 1801 年开始使用的英联邦国旗以及 Chivas 品牌元素用新的理念及手法结合在一起，再加上瓶身处挂有的蓝色"Vivienne Westwood"巨型徽章，整个酒瓶显得华丽而时尚，像为瓶身穿上了一件美丽的华服。

另外，设计师还运用其专业的剪裁技巧，将酒瓶打造成穿三件套套装的样式，在奢华本身之外又显 Vivienne Westwood 的时尚风格。限量2500瓶。

图 3－20　Vivienne Westwood 酒瓶

芝华士创始纪念版威士忌酒瓶，如图 3－21 所示。

图 3－21　芝华士创始纪念版威士忌酒瓶

皇家徽章充满美感，因此特别将芝华士（Chivas Regal）的徽章融入设计之中。而狮子图腾中的不同图案，则与品牌精神互相呼应。整个设计的宗旨便是达到阳刚豪迈而不失精致细腻的最终效果，同时务求以现代手法诠释传统的骑士风范。

图 3－22　芝华士威士忌酒瓶

3. 核心资料：企业视觉系统识别手册

《企业视觉系统识别手册》是以企业标志、标准字体、标准色彩为核心展开的完整的、体系的视觉传达系统，是将企业理念、文化特质、服务内容、企业规范等抽象语意转换为具体符号的概念，塑造出独特的企业形象。

视觉识别系统分为基本要素系统和应用要素系统两方面。基本要素系统主要包括：企业名称、企业标志、标准字、标准色、象征图案等。应用系统主要包括：办公事务用品、生产设备、建筑环境、产品包装、广告媒体、交通工具、衣着制服、旗帜、招牌、标识牌、橱窗、陈列展示等。

我们知道，VI 设计包括的内容很多，具体到每一方面的操作，都有其准则和要求，如品牌命名、商标的使用、企业标准字、标准色的配合等，都有许多成功的案例以资借鉴。我们仅以中国最早导入 CI 的成功企业——太阳神为例说明企业视觉识别在 CI 战略中的重要作用。

太阳神集团公司原是一家规模不大的乡镇企业，直到 1988 年，其产值也仅有 520 万元，但到 1990 年产值急增到 4000 多万元，1991 年骤增到 8 亿元，1992 年竟达到 12 亿元。而且惊人的发展速度正是得益于企业形象策划。

“当太阳升起的时候，我们的爱天长地久……”伴随着这悠扬雄壮、充满激情与活力的歌声，一轮象征着生命、力量和健康的初升朝阳，被一个艺术化了的“人”字托起，由红、黑、白三种色彩构成的“太阳神”标志映入人们的眼帘。这是太阳神的一则广告，整个广告中没有华丽的辞藻，更没有省优、部优、国际金奖的吹嘘，甚至对太阳神的产品都只字未提，但其巨大的视觉冲击力却给每一位消费者都留下了深刻的印象。

图 3－23　太阳神标识

在 VI 设计中，公司决定用“太阳神”命名新成立的集团企业，并决定实施“三位一体”的 CI 战略，用公司名称涵盖产品特征，企业名称、商标、品牌都以太阳神为名。

太阳神标志以简练、强烈的圆形和三角形构成为基本定格，圆形象征太阳，代表健康、美味的商品功能与企业经营理念；三角形则具有稳定、向上的含义，代表企业永远充满活力，稳定前行的精神；太阳神的人字造型，则体现了企业团结向上的意境和以“人”为中心的服务与经营理念；红、白、黑三种纯而分明的色彩形成强烈的色彩反差，体现了企业不甘于现状、奋斗开拓的心态，同时给人以强烈的视觉冲击力。

在应用要素方面，太阳神以基本要素为基础，对产品包装、办公用具、展示陈列以及标志物等方面进行了统一设计，尤其是在广告传播上，始终以全新的太阳神形象出现在社会公众眼前，令人耳目一新。

太阳神的VI设计虽然丰富多彩，但始终围绕着企业宗旨和经营理念，强调以人为本，以市场为导向，充分体现VI的设计理念。同时在实施VI的过程中，还配之以听觉识别（AI）和企业文本识别（TI），如太阳神的“企业歌”及其他音乐构成，太阳神的元旦献词和企业学术论文、报告文学等。

太阳神以其出色的VI设计给公众留下深刻的印象，迅速赢得了消费者的认同，成功地叩开了市场大门。

4. 案例

(1) 世界著名VI设计应用：味全

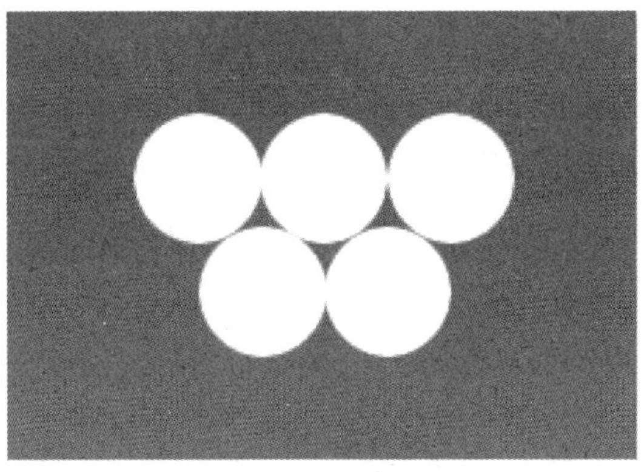

图3-24　味全标识

中国台湾食品业最大的企业味全公司，1968 年因业务扩大，新产品不断开发，并开始朝国际市场大量销售，原来的双凤标志的视觉形象已无法显示味全公司的经营内容与发展，于是聘请来中国台湾演讲的日本设计名家大智浩为设计顾问，进行周详的市场调查与产品分析，开发味全企业识别计划，最后提出象征五味俱全、W 字造形的五圆标志，发展系列性传达样式，统一所有部门、产品的视觉形象。

1980 年，味全公司导入 CI 计划 10 年之后，为了顺应时代、市场压力和内部需求，重新审查整个计划实施与执行上的不足，委托日本伊东设计研究所进行修订。这次修订结果，仅对原标识字体线端修改为弧角，增强食品的圆润感。

味全公司为中国台湾树立了 CI 开发的典范，许多知名企业纷纷导入 CI，借此整顿内部，改善经营，获得员工的认同，提高工作热情，并进一步将企业形象推广到消费大众与海外市场，塑造独立品牌的企业规模，消除仿冒风的负面形象。

（2）世界著名 VI 设计应用：品牌传统

近年来，肯德基炸鸡为回应消费者追求健康饮食的趋势，引入少油、非煎炸菜单，致使肯德基炸鸡的英文名称 Kentucky Fried Chicken 未能反映及支持公司的新策略，公司遂将英文名称简称为 KFC。为配合新命名，公司亦推出了一个新的企业标识。

新名称与标识解决了与印象相关的问题，但却衍生别的问题。新标识缩小了创办人桑德斯上校的人像，以方便快捷作为招徕，放弃肯德基炸鸡一贯以提供称心满意食品的传统。此外，市场新对手如 Boston Market 快餐店，标榜为繁忙家庭提供热腾腾另类均衡餐食，使竞争加剧。肯德基委托朗涛为公司重新定位，有效地反映公司的菜单是家传秘方，保证所烹制的全鸡餐是美味可口。

以桑德斯上校的人像为重点，把“快餐”的形象改为“真正”食品，重新设计肯德基的品牌。一个面带友善笑容的桑德斯上校，凸显其好客热情的性格；衬托斜放的 KFC 英文商标，带出方便感觉，并没有过度塑造快餐的形象。企业红色标识不但具视觉感染力，亦可提升食欲。新设计弥补了旧标识与肯德基炸鸡传统的断层，向注重健康、优质热餐的消费者传达更贴切的品牌讯息。

图 3-25　肯德基原标识

原有的标识强调方便、快捷，削弱了肯德基提供称心满意食品的传统。

图 3-26　肯德基更新的标识

更新的品牌标识及包装向注重健康、优质食品的消费者传达更贴切的品牌讯息。

(3) 世界著名 VI 设计应用：必胜客

图 3-27　必胜客标识

图 3-28　必胜客餐厅

必胜客在美国拥有逾 7000 间食肆，是供应美国最受欢迎食品的集团之一。然而，必胜客的形象过去逾 20 年未有改变，作为供应薄饼的行业领导者，必胜客必须设计一个新品牌以继续称雄于竞争对手。

朗涛意识到必胜客的红色屋顶图案必须保留。此图案不单是一个属于美国的图案，亦表达了必胜客是一个吃薄饼的好去处，而所供应的薄饼味道亦远胜只有送货服务的品牌。

他们以手绘的红色屋顶和字体设计，代表必胜客带给顾客无拘无束、享受美食的经验，活泼的绿色和黄色则散发清新和趣味之感。他们亦设计了一系列蔬菜的辅助图形，与企业标识互相呼应。必胜客的新品牌配合其他正在进行的改革，重建品牌与公司特质的关系，突出公司与其他品牌的差异，为未来发展奠定基石。

第四章 企业文化宣传战略

名牌管理是从企业文化制度层上规范和约束企业组织及员工的内部和对外的各种行为，是创造名牌的组织基础和制度保证。

第一节 企业文化培训

1. 成立自己的教育机构部门

企业商学院最早出现于1955年，由美国通用电气公司创立。这是一个位于纽约东部的集酒店和教室为一体的培训中心，在过去的几十年时间中，一代又一代的通用电气的经理们齐集那里接受管理和领导培训。

在《财富》全球500强公司中，有高于70%的企业拥有自己的商学院，以通过加强对员工的培训来提高企业整体的学习能力。在高等教育最为发达的美国，形形色色的各种公司大学已有1600余家。美国企业用来培训员工的时间相当于13所哈佛大学的授课时间，每年企业培训经费超过500亿美元，是美国高等教育支出费用的一半。跨国公司的经验已经证明：建立企业商学院是迅速提升企业应变能力、取得持久竞争优势的最佳选择。

2000年，我国一些企业开始考虑把培训和人力资源需求结合起来，从而提高培训的针对性，加强企业的培训能力。有的企业走得更快，他们模仿世界500强跨国公司的做法，着手建立起企业独立的内训机构，企业商学院就是从那时萌芽的。

目前，国内的很多企业已建有自己的商学院，其中的知名者如清华—中旭商学院、春兰大学、海尔大学、联想商学院、亚信商学院、新希望商学院、蒙牛商学院等。

商学院的建立，开创了中国企业发展史上的新纪元。因为企业商学院关注的是一个企业的核心——人才，它的主要功能是培养人才、推动企业转型及文化变革、满足企业对新技术提升的需求。而且这种关注不是一次性的投入，它将在企业内部形成一种机制，打造一个梯队式的人才结构。

企业商学院是以企业文化、企业战略、人才开发为核心，运用现代科技手段集多种培训方式于一体，创建虚拟化的网络企业学习基地，它以构筑企业全员培训体系为基础，通过企业文化的导入和企业学习习惯的培育，形成企业知识管理、人才再造、市场竞争的智力平台，最终成为实现企业战略发展的有力武器。

企业商学院应该结合管理培训专家的共同智慧，结合中国企业实际情况，符合企业员工学习需求，结合互联网与学习管理软件的双重优势，打造学习效率高、使用方便的高效企业培训平台！它为企业全员学习、不间断学习、建立企业自己的商学院、建立学习型组织、提升企业的核心竞争能力提供了最适合的平台，同时提供丰富的课件内容、专业的培训评估与培训管理、强大的技术平台支持，帮助企业通过实施网络培训，以大大低于传统培训方式的成本，开展灵活科学的企业培训，以极少的投入获取最大的回报，提升企业的综合竞争力。

就目前企业的发展情况来看，企业内部培训越来越受到重视，不少企业包括民营企业也已经开始着手建设自己的内部培训体系。部分企业会成立自己的商学院。商学院现在已不仅仅是虚拟的网络学习平台，更是向一个系统化、专业化的系统而转变，在企业内部有相应的部门与之相对应，称为培训部或商学院等。商学院的设置主要由商学院院长或培训部长、培训经理/专管/专员、外聘内训师、内部训练师以及合作机构或个人组织构成。

2. 编写企业文化教材

企业自己的教材主要有企业宣传册和企业家传记等。

(1) 企业宣传册

企业宣传册一般以纸质材料为直接载体，以企业文化、企业产品为传播内容，是企业对外最直接、最形象、最有效的宣传形式，宣传册是企业宣传不可缺少的资料，如何很好地结合企业特点，清晰表达宣传册中的内容，快速传达宣传册中的信息，是宣传册设计的重点。

一本好的宣传册包括环衬、扉页、前言、目录、内页等，还包括封面、封底的设计。宣传册设计讲求整体感，从宣传册的开本、文字艺术到目录和版式的变化，从图片的排列到色彩的设定，从材质的挑选到印刷工艺的质量，都需要做整体的考虑和规划，然后合理调动一切设计要素，将它们有机地融合在一起，服务于企业内涵。

(2) 企业家传记

企业家传记，是以企业家为主人公，以其创业轨迹为线索，描述、刻画其创业事迹和思想、精神的人物传记。一部企业家传记，或追忆企业家创业之初的坚持与辛酸，或讲述主人公一些不为人知的创业故事，或纵论其企业文化与管理理念，让世人特别是有志于创业者能有所借鉴、有所启发。

成功的企业家不只是管理企业、引领企业，他本身就是企业的财富，是活生生的企业形象代言人，因为企业家的形象代表着企业的形象。

国外企业家传记类书籍的运作早有其成熟的机制，几乎每一个知名大公司的大企业家，都有记载其创业历程的传记作品。那些企业家的名字与事迹一样作为持久有力的品牌，为世人所熟知、称道。从爱迪生、松下幸之助到比尔·盖茨、韦尔奇、乔布斯，这些成功企业家的个人影响力，已经远远超越他所在的企业、国家，甚至一个时代。

我国的企业家通过出版自己的传记著作来提升企业品牌的还不多。时至今日，可以说，写作出版一部经得起时间考验的企业家传记或企业传记，是值得任何一位企业家思考的问题。

企业家和一般的名人不同，企业家和他的企业肩负着重大的社会责任，影响着社会经济的发展，牵动数以千计万计的民众生计和民众权益，所以企业家传记，不同于一般的名人传记，它有自己独特的内容和特点。

3. 培养企业宣导师

(1) 成人学习的典型心态

无论是大学讲师给学生上课，职业讲师给学员上课，还是企业管理者给下属上课，讲师面对的都是成人，而成人对所学的内容，有自己的生活经验，有自己的评价。学员不可能像讲师强调的那样，把自己的“杯子”放空，然后再学习。讲师让他们再放空，那是不可能做到的，他们都不可能把自己过往多年学到的知识、技能、经验和教训忘掉，除非讲师给他们打一针“遗忘针”。

所以总强调让学员保持“空杯心态”的讲师，严重违背了心理学原理，对此强调得太多，就是对自己课程内容没有信心的表现。面对成人授课，讲师要怎么做，才能让成人更好地学习呢？首先我们来了解成人的想法。

成人之所以为成人，是因为他们有自己的想法，无论他们的想法正确与错误。学员的想法是由很多因素决定的，比如从小到大不同成长的经历决定了城市人和农村人想法不同；上过大学，上过研究生的学员，和只有高中学历的学员，想法也不同；工作时间长、受社会磨炼多的学员和刚参加工作的学员，想法不同。

职位不同也决定了学员的想法不同。不管他们的想法是好还是不好，他们总认为自己的想法是对的，人哪里有自己主动认错的？他们的工作经验证明了他们的想法是正确的，可能他们也靠这些想法成功过。讲师在授课以前要对这些要素充分把握，这样就可以更好地把握学员的想法。把握学员想法的三要素是：年龄、职位、学历。

成人还有一个学习心态是自负。有的学员是企业高层，有多年的经验，当了多年的领导，本来能力就比较强，今天他们来参加培训，很可能对讲师不服气。所以讲师要在培训的刚开始的一个小时内，就要抛出一些“猛料”来，让这些学员认同：“看来这个年轻的讲师还是有一些东西的，我要好好学一下，尽量多地学一些东西。”讲师也可以让他们成为小组组长，让他们在小组中发挥作用。当他们和别的学员交流了以后，发现别人也有好的想法，能力也很强，自负的心态也会收敛。

作为讲师，要深刻研究成人学习心态，当讲师提前到培训现场以后，要及时观察学员，看今天的学员的情况，有多少是有想法的，有多少是没想法的，有多少是比较内向的，有多少是自负的。对于有想法的人，讲师要引导；对于没想法的人，讲师要演讲。在课程开始以前，就对如何带动他们参与到学习中来有了一个大概的把握，才好更好地达成培训目标。毕竟，培训是为学员服务的。

（2）三种不同类型的讲师

韩愈在《师说》中，说到了“师”的定位是“师者，所以传道、授业、解惑也”，其实这是“师”的三个作用。如果有个“师”，既能传道，还能授业，更能解惑，那就更好了。

①传道型讲师

传道，就是传授学员某种原理、前沿观点等，可以说这是大学教授的职能。

不过能做到传道的讲师，大多是美国、欧洲和日本的教授，这些大师在理论方面有相当的造诣，讲课条理清晰，旁征博引，引用案例颇为精彩。我们本土的教授大多是外国教授知识的传播者，通俗地说是个知识的“二传手”，做的是知识的“本土化”工作。大学教授最熟悉的是理论，大学的学生也是来学习理论的，他们正好匹配。

如果让一个实战专家给大学生上课，大学生们可能也会感兴趣，像听故事一样，但会觉得全是经验的总结，没有提炼到理论高度，从而觉得没用。反过来，大学教授给企业人上课时，也只能满足企业人拓展视野、增长知识的需求，很难提升他们的实战能力。

有人说中国市场是“三年一小变、五年一大变”，“中国三年的变化，相当于美国二十年的变化”。在这样迅速变化的市场中，造就了大量市场机会，也造就了一大批“经验管理者”。对这些管理者的培训，就是要把西方在发展经济过程中积累下来的先进文化充分消化吸收，结合东方文化的特点，传授给学员。所以我们看到很多中国台湾的、香港的讲师活跃在大陆讲台上，在他们之中，很多人对大陆市场并不了解，没有在大陆企业担任过高层职位，甚至有的讲师普通话不流利，授课技巧也不高。但他们熟悉西方先进文化的沉淀，在海外受过良好教育，有中国香港或中国台湾的工作经验，因此起到了传授知识的作用。

再来看很多从“跨国公司”或“某著名咨询公司”出来的讲师（不是全部，但有相当人是如此)，他们对以前从事的行业、对自己曾经所在的企业非常熟悉，他们可以谈出很多当年的“实战故事”。课堂上，学员可能会入迷，很感兴趣。可培训结束后，他会想：可口可乐的故事、宝洁的故事和我有什么关系呢？我来参加培训是要解决我的问题的，不是来听讲师如何风光的故事。这些商战故事，学员可以在书上看到，为什么要花钱听他们讲呢？是不是太贵了？况且这些故事都是在特定环境下、特定人物、特定企业发生的特定故事，对开拓学员视野是有好处的，但不能帮他们理清思路、解决问题。这些讲师在培训市场上典型的卖点是“曾任某跨国公司高管”。这种讲师的授课就是典型的“给经验”，他们认为自己的经验、自己以前的做法，别人也可以用，可以来解决别人的问题。

传道这一派讲师，无论是大学教授，还是有跨国公司高管背景的讲师，他们的价值体现在传授知识和经验上，口头禅是“德鲁克说”或“我当年”之类。

②授业型讲师

所谓授业就是教学员，实战性很强的态度和技能类课程。显然能做到授业的大多是职业培训师，他们在企业中亲身实践了多年，在相关领域有多年的实战背景，工作经验丰富，因此才有了自己的见解。这些见解不同于理论，它们是讲师经验的总结，又超越了实践，对实践进行了提炼和总结，因此可以对学员“授业”。

而俗话说：“太阳下面没有新鲜事。”所谓的新观念、新理念，无非是旧元素的新组合，或是旧元素的新包装，更或者是站在不同角度来看待那些原理和观点。我当初作为学员听课时，经常听到学员议论：“这个老师讲的，我都知道，好像没什么新鲜的，但他这样讲，这样编排，可以帮我梳理思路，还是有作用的。”

那时讲师的价值是什么呢？培训讲师是介于学校教师和企业管理者之间的角色，他有能力把理论在企业中落地，也有能力把实践经验总结提升，完成系统的理论和零散的经验的匹配，最后帮助学员系统地解决问题。也就是出经验、出思路、出手册，把解决问题的方法固化下来。此刻“授业型”讲师在“给系统”。一般来说学员都是公司的骨干，业务比较繁忙，工作就是救火，很少有时间系统地整理自己的思路，整理过往的经验。

好学的学员东一榔头、西一棒槌地学了一些理论，但经验也是支离破碎的。这时培训讲师的作用就是在培训中用系统思路把大家都知道的东西贯穿起来，使它有逻辑性、条理性。在这个系统思维里面，学员零散的经验可以找到相应的位置，从而有所提高。在这里，“授业型”讲师的价值是“给系统”，帮助学员整理经验，把讲师的系统和学员的经验结合起来。

作为培训讲师，没有自己的想法是非常可怕的，也不能只“给系统”，而最好把自己的思想加在系统之上，才能让学员有更多的收获。不能借口“如果我给出我的想法，可能成为某些学员攻击的目标，影响学员的学习效果”，也不能借口“我的观点可能是片面的，所以我讲授大师的观点，谁还能挑出我的毛病？”总是重复别人的东西，这样的讲师没有价值！学员不比讲师傻，可能更聪明，大师的观点学员都知道，谁不会讲？看书不可以吗，为什么要你收费讲？如果没有自己的思想，这类讲师的空间会越来越小，随时会被替代。培训讲师讲授“大师”的观点是不可避免的，但在讲述完“大师”的观点以后，要结合自己的经验，讲授自己的观点，实在不行可以谈点自己的体会。无论这个观点在学员眼中是对是错，起码，讲师给了学员一个不同的见解、不同的角度，有助于学员开阔眼界、拓展思路。有的学员可能说：“这个讲师的观点很独特，我不同意，但他那样想问题，给了我一些启发。”这就足够了。“给思想”才是“授业型”讲师长久的生存之道。

简单地说，“授业型”讲师是给系统和思想，而不单单是传授知识的，他们的口头禅是“掌控渠道的六种手段”或“辅佐上司的三个核心要点”之类。

③解惑型讲师

所谓解惑，就是学员不懂，讲师来教学员，甚至给学员做个示范，或协助学员解决问题。就解决问题本身来看，这类培训师显然是企业的管理者，显然是学员的上司，才对问题如此熟悉，才对周围可以利用的资源如此熟悉，才对学员如此熟悉，才能帮助学员解决具体的问题。企业自己的管理者经验丰富，对企业的情况非常了解，企业内部培训要以他们为主，这样的培训才更到位。但企业管理者的时间有限，很难对理论进行系统的学习，在授课时，因为他是“领导”，学员的学习心态将发生变化，很可能放不开，可能影响培训的效果。有了问题，也不好讲，可能影响对课程内容的吸收。

很多公司开始和 GE 通用公司学习，开始构建内部讲师队伍，很多老板开始和韦尔奇学习，自己亲自讲课，也要求凡是管理者都应该是内部讲师。这个路子是对的，企业自己的问题，只有自己知道，你请了一个外面的专家，想通过他的培训来解决你的问题，基本上是不可能的。一方面那个专家不大可能在短时间内了解你的具体状况，了解你手上的资源；另一方面他对你所在的企业一定不如你了解，他怎么能在那么短的时间内解决你的那个困扰了很久的问题呢？如果解决了，那不是他的水平太高了，就是你的水平太低了。如果他做的不是短期而投入小的培训，而是做的长期而花费大的咨询，这还是有可能的。

以上我们分析了三类讲师，分别对应的是“传道、授业和解惑”，其实任何讲师在授课时，都要涉及知识和经验、系统、思想、解决问题等方面，可能涉及的比例不同。“给知识”考验讲师的理论水平和知识面；“给经验”考验讲师的授课技巧；“给系统”考验讲师的逻辑思维和整体思考能力；“给思想”考验讲师的实际经验和总结能力；“解决问题”考验讲师对行业和企业的熟悉情况。作为讲师要不断修炼这四个方面的能力，尤其要注意“给思想”。要对“大师”已经讲述过的原理、企业已经实践过多年的事情，讲出自己的观点来，还要企业的人接受，来给你埋单。讲师没有丰富的实际经验、没有大量的思考是根本做不到的。除了实际经验和思考以外，讲师还要不断学习，扩充自己的知识面和视野，否则也很难有“思想”，因为限制专业培训讲师进步的，就是他的学习能力。

所以简单地说，讲师的作用就是三种——“传道、授业和解惑”，大学教授基本上在传道，培训讲师基本上在授业，企业管理者基本上在解惑。

（3）每个人都是培训师

华为的“全员导师制”类似于国有企业过去实行的“师徒制”，但又有不同的地方。华为的导师制是全员性、全方位的——所有部门系统的所有的员工都有导师。

举例来说，那些被调整到新岗位的“老员工”，不管资历多深、级别多高，都会被安排一个导师。这个导师也许资历比你浅、工龄比你短，但只要他在这个岗位上比你强，就可以做你的导师。所以，在华为，一些刚刚毕业进入公司一两年的员工照样可以做导师。

导师的责任很重，他们不仅要在业务上对“学生”进行传、帮、带，还要在思想上、生活细节上对“学生”进行引导。为了保证导师制落实到位，华为不仅对表现优秀的导师进行物质奖励，还以制度的形式做出严格规定：没有担任过导师的员工，不得提拔为行政干部；不能继续担任导师的员工，不能再晋升。

全员导师制对华为的人才培养意义重大。首先，它可以增强员工的荣誉感。尤其是对那些入职不久就成为导师的员工来说，他们会在工作上更加严格要求自己，以在新员工面前发挥好模范带头的作用；其次，对新员工来说，通过导师的引导与关怀，他们可以从思想上、感情上很快认可公司的制度和文化，从而迅速融入到公司这个大家庭来；最后，公司通过导师制，可以很迅速、很全面地把老员工的成功经验传递到“新员工”手中，避免了“新员工”的重新摸索。这样一来，公司的知识和经验就可以顺利地传递下去，员工的能力提升也可以成为一个自发的良性循环系统。

全员导师制对中小型公司尤有借鉴学习意义。由于中小型公司人员流动性普遍较强，而公司又无足够资金对员工进行培训，所以，采取这种全员导师制的方式，可以用较低的成本实现对员工的有效培养。

4. 搭建企业文化学习体系

华为提倡自觉地学习，特别是在实践中学习。员工自觉地归纳与总结，就会更快地提升自己。任正非曾经将华为员工比喻成三流人才。他说："华为公司都是三流人才，我是四流人才。一流人才出国，二流人才进政府机关、跨国企业，三流、四流的人才进华为。只要三流人才团结合作，就会胜过一流人才，不是说三个臭皮匠顶一个诸葛亮吗?"

这当然是一种夸张的说法。实际上，曾经以"三流人才"自居的华为，已在事实上成为华南乃至中国企业的"黄埔军校"。华为能把没有任何工作经验的职场新手培养成众多企业争相抢夺的人才，靠的就是它有一套完善的培训体系。和许多公司的盲目培训不同，华为认为"培训不能改变员工的素质，但能提升能力"，所以，华为对员工的培训是基于任职资格体系的一种有针对性的培训，重在提高员工的专业能力，而对素质的要求，则在招聘时就已经通过素质模型对那些不符合公司价值观的人进行了筛选。

学习可以提升一个人的能力，也可以提升一个团队的能力。团队领导的学习，主要是为了将自己的团队带领成最好的团队；而团队成员的学习，则主要是为了解决问题、达成目标。

鼎庆集团是东北一家民营企业，他们公司的老板李万升非常注重学习，并形成了学习化管理。

李万升不仅热衷于自己的学习，还重视员工的学习。他每年都要投资50多万元购买电脑、光碟、电视、书籍，用于员工的学习。现在，鼎庆公司的学习基本上实现了"四有"，即有地点，公司建立了图书室和教室；有制度，每年进行两次大规模的集中学习，请专家、学者来讲课，每月进行3次业务技能、售后服务、文明礼仪、毅力打造等综合素质训练；有检查，员工都有一本笔记，把学习的体会、完成任务的情况都记录下来，以便检查和总结；有效果，文化知识上有收获，思想觉悟上有提高，工作效果上有体现。

在多年的实践中，公司还摸索了一整套学习培训制度：每月15日是团队的素质教育日，由业务骨干带领进行业务技能、售后服务、文明礼仪、爱心养成、毅力打造等综合素质培训；每月的20日，对驾驶员进行驾驶、维修、保养、交通安全知识等方面的培训；每月27日，对公司的一线员工进行规范操作、消防安全等方面的教育和培训；每年进行两次大规模的集中学习，从文化修养、社会责任、道德养成、团队精神等方面对全体员工进行全方位的教育。

制度再好，也得有人监督执行。因此，公司除了在总部设有学习管家外，还专门在各中队设立了学习管家，这在全国恐怕绝无仅有。

学习管家共有六条职责：一是全权负责管理本中队的学习书籍和学习环境，对本中队的文化建设做出规划；二是负责每次学习后的复习和作业的监督，并组织大家进行分享和总结；三是做好本中队文化、队伍素质提升、团队建设工作，对新来员工进行培训辅导，使其全面了解公司的各项规章制度；四是每日晨会监督员工检查行动日志，随机检查，对书写不规范的员工给予指导和帮助，不得包庇；五是配合企划部、后勤部、安全部开展学习活动；六是对本中队的员工进行不定期的深入调查和了解，包括员工所需各种知识和各个方面的培训意见，并将调查结果与公司的学习管家进行沟通，以便公司更好地开展内部培训工作，充分体现每一次学习活动的价值和作用。

一个团队学习的过程，就是团队成员思想不断交流、智慧之火花不断碰撞的过程。英国作家萧伯纳有一句名言："两个人各自拿着一个苹果，互相交换，每人仍然只有一个苹果；两个人各自拥有一个思想，互相交换，每个人就拥有两个思想。"如果团队中每个成员都能把自己掌握的新知识、新技术、新思想拿出来和其他团队成员分享，集体的智慧势必大增，"1+1>2"的效果自然而然也就显现出来了。

如今，在鼎庆公司上下形成了一股比、学、赶、帮、超的浓厚的学习氛围。员工们都说："鼎庆是一所大学校，我们在这里不但学到了知识，还实现了人生的价值。"一位吉林省官员参观鼎庆公司后颇有感慨地说："这里不像企业，倒像一所学校，很多员工在这里找到了精神家园。"

纵观国内外，著名企业的发展无一离开"学习"二字。美国排名前25位的企业中，有80%的企业是按照"学习型组织"模式进行改造的。国内一些企业也通过创办"学习型企业"而给企业带来了勃勃生机。复星集团董事长郭广昌经常说的一句话就是："企业之间最核心的竞争，就是看谁能比竞争对手学习得更快！"

搭建培训体系，主要从以下几个步骤入手。

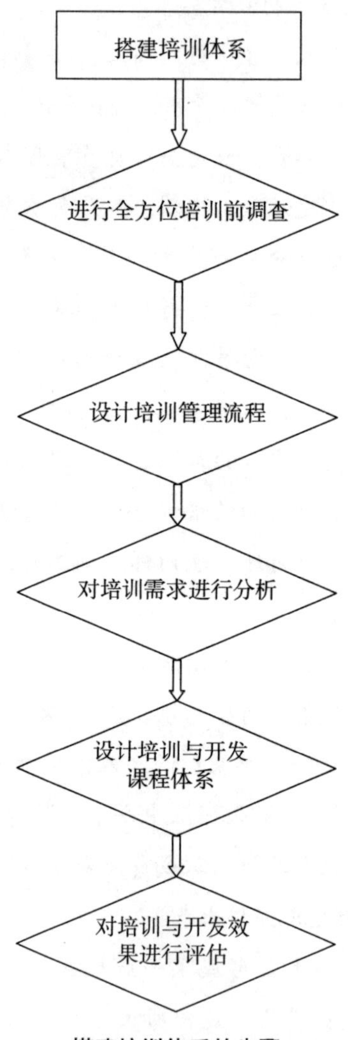

搭建培训体系的步骤

（1）进行全方位培训前调查

首先要基于培训需求的意图进行培训调查。需求调查中应从不同角度收集具体信息。所谓信息就是需求调查的目标，这些信息包括：理想状况的信息、实际状况的信息、受训者对工作的感受、产生绩效问题的可能原因、解决问题的可能途径。

通过对理想状况与实际状况的差异进行分析，以及对工作的感受的信息（指受训者、管理者或相关人士对目前存在的绩效问题、工作所需要的知识技能的看法和感受等），以判断员工的工作动机状况，确定员工的态度是否是绩效问题产生的原因。

对产生绩效问题的原因分析是培训需求评价的关键环节。把产生绩效问题的原因划为四类，即环境阻碍、激励、知识技能和动机。环境问题包括组织人事上的阻碍、政策问题和技术工具原因；激励问题指管理层给予的激励形式是否有效；知识技能问题指员工在完成工作需要的知识技能的掌握上是否有不足；动机问题指员工对工作所持的态度，即工作动机。

此外，一般来说，受训者对问题解决的信息掌握得很有限，所以关于解决问题的可能途径方面的信息更多依赖于培训专家和管理者的报告。他们提供的这类信息将有助于调查结果的准确性和有效性。

（2）设计培训管理流程

培训是人力资源管理中的一项职能，企业培训流程附属于人力资源管理流程，是人力资源管理流程的一个重要组成部分。但是作为销售经理，你不能将培训的工作完全交由人力资源部门来做，而应该主动地参与进去，让培训的内容更符合你的团队。很多营销团队在培训方面缺乏计划性和针对性，主要是因为团队没有一个系统、规范的培训管理流程。在制订培训计划前，要对现有岗位进行素质（文化、能力、专业素质）描述。岗位素质描述应由本岗位人员如实填写。通过岗位描述，掌握企业现有人员的素质现状，同时也可作为如何制订培训计划的翔实依据。

（3）对培训需求进行分析

在培训中，培训销售服务人员必须根据需要，明确培训需求，找出组织中员工欠缺的知识与技巧或由于知识、技巧不足造成的绩效不佳表现，从而决定进行哪些培训、怎样培训。培训需求的来源包括个人、群体和组织整体。产生的原因大致包括：工作变化、人员变化和缺乏绩效。工作变化可能源于新设备、新方法、新的工作流程、新的管理风格等；人员变化主要是员工主动选择或被动接收的结果；而绩效低下是将绩效的应有状况与现实进行比较，确定需要补充的知识和需要提高的技能和能力。在培训需求分析的基础上，让培训专员根据培训的紧迫程度、培训难易程度、培训成本高低等因素，分别列出哪些急需培训、哪些可以放缓、哪些需要外聘、哪些可以内训、哪些可以部门自行培训以及年度培训费用预算等，制订出年度培训计划。

（4）设计培训与开发课程体系

很多企业虽然在员工培训方面付出了很大的人力、物力，但效果甚微。究其原因，是培训的内容针对性不强，而且没有比较完整的培训体系。因此，销售经理在实际工作中，要帮助培训部门根据不同岗位系列和岗位层级设置不同的培训课程体系。

（5）对培训与开发效果进行评估

任何一项制度，离开了评估便会形同虚设。所以，在培训的过程中，应注意到对其效果的评估，评估结果一定要与员工的切身利益相结合，与员工的加薪、晋升、淘汰等相结合。

由于培训效果有些是有形的，有些是无形的；有些是直接的，有些是间接的；有些是短期的，有些是长期的，因此，培训效果的评估十分复杂，很难用量化的指标来衡量。为此，培训与开发效果评估设计的重点是从过程、方法、行为变化的角度去进行评估。行为变化的评估主要考察受训者在参加培训后的一些关键行为的变化。过程的评估主要是对培训过程的评估；方法的评估主要是从评估技术角度考虑，采用面谈和调查问卷形式进行，并且分别对培训项目负责人和受训者进行，体现评估效果的代表性。并且培训效果的评估一定要简洁务实、一针见血。评估的结果一定要公布给员工本人，对于培训效果好的员工要加以鼓励。

培训是一项在时间和金钱等各方面花费都比较大的工程，它的作用是潜移默化的，对员工和企业的影响是长期的，可谓“润物细无声”，那种急功近利、追求取得立竿见影的效果的思想是不对的，也是不现实的。要把培训放在发展的高度，认识培训在销售团队管理中的核心地位，用培训解决工作中的各类问题，为团队的可持续发展提供必需的人才基础，实现企业的可持续发展。

第二节　内部文化宣传活动

心派企业文化内部传播是极为重要企业文化实施活动，它着眼于全体成员对企业文化的了解、领悟到实践。

1. 常规活动

心派企业文化内部宣传的常规活动主要有以下几种方式。

（1）管理层培训

管理者在企业文化建设中具有领导、示范作用，管理层培训的主要内容是把企业文化建设同企业的经营管理活动相结合的观念和技能。

（2）文化管理人员培训

对具体企业文化职能部门的人员，培训主要涉及建设企业文化的技术和技能等方面。

（3）员工培训

如宏碁公司在它的“新进人员训练”“新任主管人员训练”等培训项目

中，安排了“企业文化”课程，由宏碁的高层领导向受训人员传播宏碁的企业理念和企业文化。

（4）反复诵读和领会

如松下公司相信把公司的使命、精神和文化，让职工反复诵读和领会，是铭记在心的有效方法。所以每天上午 8 时，松下遍布日本的 87000 名员工同时诵读松下七条精神，一起唱公司歌。

（5）演讲与报告

如松下公司的所有工作团体成员，每一个人每隔 1 个月至少要在他所属的团体中进行 10 分钟的演讲，说明公司的精神以及公司与社会的关系。

（6）自我教育

如松下公司成立了研究俱乐部、学习俱乐部、读书会、领导会等业余学习组织，员工在空余时间自我反省、自觉学习。

2. 专项活动

（1）心派企业文化网络

正式的提案：以书面形式提出对公司各方面的改善建议，全面参与公司管理。

非正式的沟通：保密的双向沟通渠道，可以对真实的问题进行评论、建议或投诉。

问题解决：定期召开座谈会，问题会在当场得到答复，限定期限内对有关问题的处理结果予以反馈。

情况通报：召开高级管理人员与员工沟通对话会，向广大员工代表介绍公司经营状况、重大政策等，并由总裁、人力资源总监等回答员工代表的各种问题。

内刊与公告：企业月刊、布告栏、公告、函件、意见箱可以使员工及时了解公司的大事动态和丰富员工的工作生活。

（2）心派企业文化仪式与庆典

仪式是一种重复出现的活动，活动目的在于彰显组织最重要的价值观、最重要的目标、最重要的人等。

关于产品的仪式：如每年正月松下公司都要隆重举行新产品的出厂庆祝仪式。这一天早晨职工身着印有公司名称字样的衣服来到集合地点，在松下公司领导向全体职工发表热情的演讲后，职工分乘各自分派的卡车满载着新出厂的产品奔赴各地有交易关系的商店，公司职工拱手祝愿该店繁荣，最后职工返回公司，举杯庆祝新产品出厂活动的结束。

关于人的仪式：如松下公司由人事部门负责进行公司的“入社”教育，首先要郑重其事地诵读、背诵松下宗旨、松下精神，学习公司创办人松下幸之助的“语录”，学唱松下公司之歌，参加公司创业史“展览”。

关于工作的仪式：如在宏碁公司，上下班不打卡，无佣金业务，出国不需立保证服务契约。

庆典活动：如宏碁公司每年都召开一次盛大的表彰大会和联欢会，如果突破业绩，还要举办狂欢会。

（3）心派企业文化故事与人物

很多组织都有一些广为流传的故事，而且通常与组织创始人打破规定、从无到有的成功及过程中内心挣扎努力有关。这些故事不仅把组织的过去及现在连接起来，还可以让人明了目前事态的来龙去脉。大多数的故事都是自然发生而流传的，但有些组织却是刻意地将其纳入管理，好让其成为学习文化的教具，如海尔。

经常利用各种机会表扬先进人物可树立员工效仿的模范，同时还培育了员工的荣誉心和责任感。

第三节　外部品牌文化传播

心派企业文化的外部推广不仅能够与内部推广形成强大的钳形攻势，而且能够使得企业文化转变为品牌文化，从而打造强势品牌。

1. 品牌形象塑造

1992 年，韩国的某企业收购了美国最后的一家彩电企业。对此，韩国人欢呼雀跃：美国的工业被我们打败了。其实，不是美国人不懂做企业，而不挣钱的行业他们不想干了。

那么，美国人做什么去了呢？做高科技产品，如软件、处理器等这类产品，同时，做品牌去了。世界品牌价值最高的前十个品牌美国占了七个。

在经济全球化的趋势下，品牌是价值链上最有价值的环节，从美国致力于品牌建设的案例，便可见一斑。很多中国企业既不知为何要创品牌，更不知如何打造自己的品牌。

未来，每个行业要面对的问题各有不同，比如汽车业、服务业、日化业等，要解决的专业问题也大相径庭，但是，各产业有一个无法回避的共同挑战——打造品牌。打造品牌的能力是解决产业升级的关键所在，这种能力在未来很长时间内还有不断成长的空间，也是企业最具有竞争力的武器。

一个企业没有品牌会怎么样呢？

假如你们公司开发了一种新产品，为了推广该产品，公司聘请了很多营销人员。结果很可能出现这样的情形，销售员打陌生拜访电话时，很多顾客可能会说："这个产品我没听说，你们公司我更加闻所未闻……"然后"砰"的一声挂掉电话。而那些一头冲向市场、上门推销的销售员，则垂头丧气地回来公司对你说："老板，我们的产品顾客没听说，所以业绩不好。"

为什么会出现这种状况呢？原因很简单，你的企业和产品在市场没有知名度，所以不被顾客接受。最后，销售员没有完成业绩，而你请销售员所付出的工资都打水漂了。

如果你的企业和产品在市场上有一定知名度，结果则是截然不同的。如果你把资金更多地投入到打造品牌上，让顾客对你的产品有较高的认可度，那么你公司的销售员就可轻松地把产品卖出去，你企业的业绩也就可以翻一番了。

其实，打造品牌就是行销的一种手段，它可以让你花最少的钱，赚最多的钱；让你花最小的力气，做最多的事情。所以说，消费者没有听过你公司或者产品，那说明你的行销工作没有做好。你的品牌有没有无处不在，你的企业文化有没有深入人心，决定了你推销产品的时候是否更省力、赚更多钱。

如果你拿名片给潜在客户，客户说没有听过你的公司，这样卖东西很费力；但如果潜在客户一看名片，就说他听说过你们公司，这样你卖起东西就会很省力。最好是连名片都不用拿出来，顾客就说知道你的公司。这就是有品牌与没有品牌的区别所在。

品牌的重要性日渐被企业所认识和重视，但遗憾的是，很多企业掉进一个误区，那就是：打造一个品牌等于制造一个品质优良的产品。市场真的是这样的吗？

假设你要买一部手机，你会买哪个品牌呢？

很多人会说苹果。这是为什么呢？因为很多人认为苹果生产的产品品质都比较好，所以它生产的手机也会很好。

苹果的手机真的比其他品牌的手机好很多吗？其实，苹果手机的质量相对其他品牌的手机是否最好，只有内行人才懂，作为外行人，我们肯定不会把苹果手机和其他手机的零件拆出来一一比较，看哪款手机好。但为什么消费者首先想到的是买苹果的手机呢？

有人说是因为苹果手机口碑好，有人说因为它形象好，有人说因为身边很多人在用。对，这就是品牌的力量，也是一种品牌认识。

消费者对于这个品牌的感觉和认知，以及他听到这个品牌后所产生的各种联想，就是品牌的力量。实际上苹果手机跟其他品牌的手机相比哪个品质更好，消费者不一定知道。消费者只是在分辨不出品质好坏的时候，就以品牌决定品质，此时品牌就是品质。

从某种意义上说，企业“以质取胜”已成为过去，企业品牌形象的差异正在取代传统的商品本身的差异，企业卖的不再是差异化的商品，而是差异化的品牌理念。

一件产品可以被竞争对手模仿，但品牌则是独一无二的。产品容易很快过时落伍，但成功的品牌是持久不衰的！

未来的营销是品牌的竞争，拥有市场比拥有工厂重要得多，而拥有市场的唯一途径是拥有具备市场优势的品牌。这是品牌对于企业的意义。随着经济的全球化，我们面临着大规模的“侵略”，“侵略”我们民族的生存空间，“凭”的又是什么？就是品牌。

市场竞争转化为品牌竞争，从根本上讲，品牌就是财富所有权的象征。但并不是所有产品都需要品牌支持才能卖得出去。

但是一个信息不对称的产品，尤其需要品牌。比如，一家新成立的公司开发了一种疗效很好的保健品。像这样的产品，消费者是不敢轻易购买的。但如果这种保健品是北京同仁堂研制的，可能很多消费者会买回去试试。

综上所述，我们可以总结出塑造品牌的原因。

(1) 品牌是产品或企业核心价值的体现

品牌不仅使商品被销售给目标顾客，而且让顾客通过使用对商品产生好感，从而重复购买，不断宣传，形成对品牌的忠诚。

有的企业更为自己的品牌树立了良好的形象，赋予了美好的情感，或代表了一定的文化，使品牌及品牌产品在顾客心目中形成了美好的记忆。

比如麦当劳，人们从这个品牌中会感到一种美国文化、快餐文化，会联想到质量、标准和卫生，也能由麦当劳品牌唤起儿童在麦当劳餐厅里尽情欢乐的回忆。

(2) 品牌是质量和信誉的保证

企业设计品牌、创立品牌、培养品牌的目的是希望能将品牌变为名牌，于是在产品质量上下功夫，在售后服务上做努力。

比如海尔，作为家电品牌，人们提到优质海尔就会联想到海尔家电的高质量、海尔的优质售后服务及海尔人为顾客着想的动人画面。再如耐克作为运动品牌的代表，其高科技的原料、高质量的产品为人们所共睹。耐克代表的是企业的信誉、产品的质量品牌——企业竞争的武器。

树品牌、创名牌是企业在市场竞争的条件下逐渐形成的共识，人们希望通过品牌对产品、企业加以区别，通过品牌扩展市场。品牌的创立、名牌的形成正好能帮助企业实现上述目的，使品牌成为企业的有力竞争武器。

总之，品牌作为市场竞争的武器常常为企业带来意想不到的效果。

(3) 品牌是识别商品的分辨器

品牌的建立是由于竞争的需要，是用来识别某个销售者的产品或服务的。品牌设计应具有独特性，有鲜明的个性特征，品牌的图案、文字等与竞争对手的区别，代表本企业的特点。通过品牌人们可以认知产品，并依据品牌选择购买。

比如，消费者购买汽车时有几种品牌选择，如奔驰、沃尔沃、通用等。每种品牌汽车代表了不同的产品特性、不同的文化背景、不同的设计理念、不同的心理目标，顾客和用户便可根据自身的需要，依据产品特性进行选择。

(4) 品牌是企业的“摇钱树”

品牌以质量取胜，品牌常常富有文化和情感内涵，所以品牌给产品增加了附加值。同时，品牌有一定的信任度、追随度，企业可以为品牌制定相对较高的价格，获得较高的利润。

品牌中的知名品牌在这一方面表现得最为突出，如耐克运动鞋的价格比同档李宁运动鞋、安踏运动鞋高出几百元。由此可见，品牌特别是名牌能给企业带来较大的收益，而品牌作为无形资产，已得到了人们的认可。

2. 品牌形象传播

作为中国市场上最贵的矿泉水，依云每瓶水均价约 10 元，甚至推出了每瓶 138 元的纪念版依云矿泉水，经过多年的市场运作，依云成了饮用水品牌中的奢侈品。

> “昆仑山”立志要做“中国的依云”，这是中国品牌运营者的气魄，中国企业鲜有这样的气魄，因此值得尊敬。不过现在更多的是担忧，进行高端品牌定位的昆仑山矿泉水不但在品类区隔中显现出来了太多不足，并且在具体的品牌整合传播的各个环节中也都体现出来与高端品牌定位的不相称。依云梦，或许难续，以此为忧。
>
> 品牌命名是新品牌塑造最关键的一个步骤，好的品牌名称能够体现出品牌核心价值和品牌定位，产生好的品牌联想。而昆仑山矿泉水的这一步似乎走得并不好。“昆仑山”这一名字没有得到广泛认同的心智联想，本身并不具备优质饮用水的关联。
>
> 与一个朋友开车路过深南大道去汽车美容店，点名要加昆仑润滑油，店家曰无，“你门口树这么大的昆仑的广告牌，怎么店里没有呢?”店家笑曰那是昆仑山矿泉水的广告牌。此片段虽雷人，却可由此看出“昆仑山”品牌命名缺少“高端矿泉水”品牌联想的天然不足。
>
> 高端品牌推广与大众品牌推广有着天壤之别。目标消费群体的不同注定了品牌传播推广策略的不同，而“昆仑山”的品牌传播推广和产品销售渠道走的却是大众化路线，更多是在注重大面积轰炸的短效性传播。

毋庸置疑，国内市场已经是“供过于求”的市场，仅有好的产品，还不足以创建一个“响当当”的品牌。如果说产品占品牌创建的 70%，那么剩余的 30% 就是传播了。适当的传播等于给品牌插上腾飞的翅膀。

品牌的创建是循序渐进的，是不断积累的过程。品牌的传播同样要系统、规范、持续。否则，再好的品牌也会被无情的时间摧毁，成为被消费者淡忘的角色，退出历史舞台。对于中小企业而言，品牌传播在不同时期应有不同的策略。

(1) 品牌创立初期，告诉受众“我是谁”

在品牌创立初期，以提高品牌知名度为主要任务，告诉受众“我是谁”。

这一阶段，品牌以功能性诉求建立区隔。如海飞丝洗发水的广告语“头屑去无踪，秀发更出众”，以诉求产品本身的去屑功能，极大地推动了产品销售，也提升了品牌知名度。

(2) 品牌成长期，告诉受众“我推崇什么”

在品牌成长期，以提高品牌影响力，尤其是美誉度为主要任务，告诉受众“我推崇什么。”

这一阶段，品牌以感性诉求赢得受众感情上的认可与偏爱。如“海尔，中国造”，以诉求品牌的价值主张，即推动民族工业，彰显爱国精神，引发消费者的共鸣，海尔品牌的影响力及其行业地位由此而奠定基础。

(3) 品牌成熟期，告诉受众“品牌代表什么”

在品牌成熟期，以巩固品牌的影响力、成为区域文化或国家文化的代表为主要任务，告诉受众“品牌代表什么文化观念，代表什么样的民族性，代表什么样的国家精神”。

如可口可乐已经成为美国文化的符号，被视为“崇尚个人感受”的美国文化的代表，“要爽由自己”的广告语充分地体现了自我的个性。

中小企业的品牌创建大都处于第一阶段，这一阶段主要的任务就是大声地、异口同声地告诉受众“我是谁，我有什么优势”。

因此，中小企业在进行品牌营销传播的时候，一定要制定好明确的主题，围绕企业战略，品牌基本属性及基本价值进行，沿着品牌不同的发展阶段，不同的发展目标，持续地、连贯地进行，这样在经过一定时间后，品牌的价值才能日益凸显出来。

第五章　心派企业文化落地

心派企业文化的核心层是精神文化，它是无形的，即务虚；心派企业文化的外层是制度、行为、物质文化，包括公司所有的规章制度、员工行为规范要求，看得见的工装厂服形象标识以及公司的工资福利待遇等，它们都是有形的，即务实。所谓心派企业文化落地，就是指心派企业文化发挥其应有的效能与作用。

第一节　以人为本的心派文化特质

1. 以企为家

(1) 以企为家不是口号

首先我们要反省自己是否让员工找到了家，感触到了家庭的温暖。很多员工入职后，就成为工作的奴隶，我们榨取他们的剩余价值。员工出来打工，提着大包小包来到你的公司，难道他们愿意提着行李到处奔波去寻找新的家吗？

为此，要让员工以企为家，不是写几句标语就可以的，而是要做到真正地关怀员工，首先你要把他们当成你的家庭成员，你要创造一个和谐的家庭氛围。很多企业对外来员工有排外的心理，结果自己一手把这个和谐的氛围给破坏了，最后还要求员工要以厂为家，这样做公平吗？为此，当员工找不到家的感觉时，员工就会“离家出走”的。

(2) 员工不会离你而去

我们可以先想象员工当时来你公司的那份激情、热情和渴望，他们是带着憧憬来到你的公司，你是否了解他们当时为什么要来，是为了寻找一份收入，一份工作，一个学习成长的平台？你是否和他交流过他内心深处的需求。

当他进来一段时间后，你在观察他，他也在观察你。你关注的是你给他工资，他能否给你带来你期望的效益；员工所关注的是他付出了多少，你给了他多少。当两者在博弈的时候，自然出现目标不统一、思想不统一，最后行动和结果不统一的情况。

当不统一、不协调的时候，员工发现达不到他的预期结果时，你与他沟通就已经失去意义了。即使你的沟通能力很强，你也只是在延缓他离你而去的时间，在这个延缓的时间内，就好比篮球的加时赛，因为每个人的忍耐度是有限的，当超过他的忍耐限度时，他就会下定决心离你而去。

为此，我们要在有限的时间内，达成员工的想法和需求，保持目标统一、思想统一、行动统一、结果统一，这样他就不会离你而去，因为你真正帮他实现了他的目标并满足了自己的需求。

(3) 一切的根源在于人

我们发现很多企业花巨额资金引进先进的机器设备、引进人才优化流程、强化产品开发，这些当然是要做的，也是企业在发展过程中必须要去做的。但是在此过程，我们不能忽视对员工的思想教育，应注意员工综合素质的提升。

我们不难看到，很多的企业花巨资引进先进设备，结果职员素质跟不上，最后业绩下滑，机器设备空在那边布满灰尘。我们不难看到很多企业请老师过来辅导优化流程，老师在时流程能稳定，老师离开，流程又恢复到原状，是什么原因造成的呢？

还是人的问题。曾经我们看到有的企业老板要的是面子，听说人家买的是进口设备，他也花重金去购买，结果发现人家用另外相对便宜的机器也可以做出同样质量和效率的产品。我们也看到很多企业工厂很大，为了撑面子，晚上把所有车间的灯都打开，其实很多车间只有一组员工在工作，从外面看，好像整个车间都有人在工作，这些现象让我们感受到企业主对成本管控的薄弱意识。忽略员工素质培养，最后吃亏的当然是自己。

所以，只有对员工进行长期有效的系统培训，企业配置的硬件、流程、投入的资金才能真正发挥最大化效应。人的培养与硬件设置的不匹配，就犹如将一把最现代化、最有杀伤力的枪给了一个不懂使用枪的人，最后能射中目标吗？显然，现代化的枪浪费了，还不如将一把旧枪给神枪手的效果好。

2. 协作互助

虽然每一个公司里面都可能存在团队这种组织形式，但这并不意味着每一个团队的领导人都曾经考虑过这样一个问题：为什么要组建团队？

仅仅是因为人多力量大，大家走到一起可以通过共同努力把一个困难的任务完成？还是因为随着分工的不同，一项工作需要几个人的合作才能够完成？

首先，一个优秀的团队应该由担任不同角色的人组成，这样才能取长补短，共同协作完成好任务。贝尔宾团队角色理论就非常深刻地阐明了这个道理，我们可以通过宋联可工作室原创漫画《菜鸟 COCO 职场成长记》的《丢单之后》这集，了解到一个好团队可能因为缺失了某些重要的团队角色而功亏一篑。

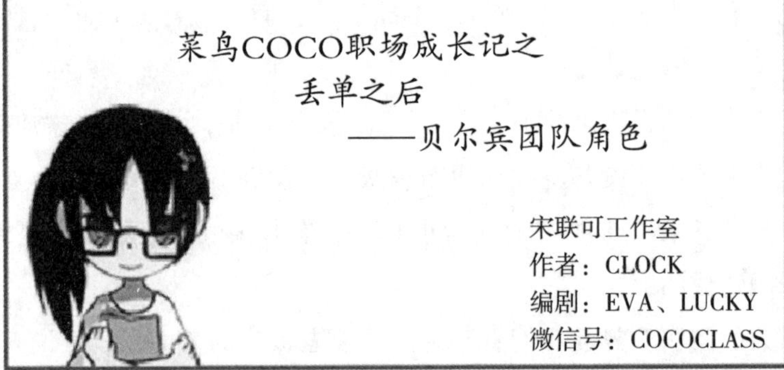

职场“三从四德”：服从老板，服从金钱，服从规则；死猫要吃得，受气要忍得，嘴巴要说得。

站在上司的立场想问题，站在自己的立场做事情。

人在职场，应该“肯德基”（肯下功夫，才能得到机会），还要“麦当劳”（埋头劳动、工作），才能“必胜客”（必定赢得客户）。

成功需要环境：为成功者工作，和成功者合作，让成功者为自己工作。

没有不合理的职场，只有不合理的心态。

小贴士：

贝尔宾团队角色：

贝尔宾博士在他的著作《管理团队：成败启示录》中提出贝尔宾团队角色（Belbin Team Roles），认为每一个成功团队都必须具有9种角色：塑造者（Shaper）、执行者（Implementer）、完成者（Completer/Finisher）、领导者[1981]（Chairman）/协调者[1988]（Co-ordinator）、协作者（Teamworker）、资源调查者（Resource Investigator）、创新者（Plant）、监控评估者（Monitor Evaluator）、专家（Specialist）（1988年补充加入）。

宋联可博士认为，不同性格的人适合担任不同的角色，考虑一个团队的性格组合，有利于打造成功团队。

其次，我们组建团队的目的不是为了"1+1=2"，而是为了"1+1>2"。通过协作爆发出"1+1>2"的效应，才是团队存在的真正价值！

现在请每一位团队领导反思一下，你的团队是不是爆发出了这种"核爆炸"的效应？如果没有，那就很可能意味着你的团队并没有发挥出应有的价值，而且在某种意义上，你的所谓团队不过是一个团体，一个简单的"1+1=2"的组合。

简单地说，合作才是团队存在的价值。没有合作，团队就不能称其为团队。

美国篮球大赛每年结束后，常会从各个优胜队中挑出最优秀的队员，组成一支"梦之队"赴各地比赛，以制造新一轮高潮，但结果总是令球迷失望——胜少负多。分析其根本原因，就在于他们不是真正意义上的团队，虽然他们都是最顶尖的篮球种子选手，但是由于他们平时分属不同球队，无法培养团队精神，故而不能形成有效的合作关系。

这个案例说明了一个道理：一个团队的价值在于整体能否打胜仗，个别人发挥好没用。许多"独斗英雄"总觉得自己行，失败是因为他人不行，殊不知正是因为你脱离了团队，涣散了军心，才使团队不能取得最终的胜利。

卡耐基说："放弃协作，就等于自动向竞争对手认输。"朗讯 CEO 鲁索也说："协作对于今天的企业而言，就是生命。没有协作精神的员工会对企业极不负责任。"

对团队成员来说，团结协作就是要求他们真心诚意地付出，以团队的共同愿景为重，互相进行优势互补，共同把团队的工作做好。所以，团队的所有工作成效最终只有一个检验标准，这就是协作精神。协作的原则就是我们一再强调过的优势互补。

一次，联想运动队和惠普运动队进行攀岩比赛。惠普队强调的是齐心协力，注意安全，共同完成任务。联想队在一旁，没有做太多的士气鼓动，而是一直在合计着什么。比赛开始了，惠普队在全过程中几处碰到险情，尽管大家齐心协力，排除险情，完成了任务，但因时间拉长，最后输给了联想队。

那么联想队在比赛前合计着什么呢？原来他们把队员个人的优势和劣势进行了精心的组合：第一个是动作机灵的小个子队员，第二个是一位高个子队员，女士和身形大的队员放在中间，殿后的当然是具有独立攀岩实力的队员。于是，他们几乎没有险情地迅速完成了任务。

毫无疑问，联想队才是一个真正的团队，因为这个团队里面包含着协作精神，大家能够通过优势互补达到“1+1>2”的效果。

由此可见团队的一大特色：团队成员一定是在才能上互补的。这其实也是组建团队的基本要求：只有发挥每个人的特长，并注重流程，使之产生协同效应，才能共同完成团队的目标任务。

虽然我们认识到了协作的重要性，但是如何让这种协作在团队的工作中体现出来，仍然是一个值得思考的问题。一般来说，团队要想实现协作，要从分工、合作、监督这三个方面来着手解决。

首先是分工。分工的原则应该是：团队每个成员的具体工作及相应职责都必须被合理并明确地划分。

所谓合理的划分，是指每个团队内成员的能力必须与其从事的具体工作相匹配，这也就是我们前面谈过的“让合适的人做合适的事”。

而所谓明确的划分，则是指每个团队成员的具体工作和职责都应该是清晰的，可以量化的，可以被考核的，只有这样，团队内的每一位成员才能真正对自己的工作负责。

通过合理的分工，团队内的各成员由于做的都是自己最擅长的工作，其所发挥的协作效应也就能够最大化。

分工结束，接下来团队领导就要考虑工作中具体的合作问题了。而合作的关键在于，对团队内各成员具体负责的工作进行有机整合，以实现团队目标。

由于团队内各成员背景、学识、性格以及彼此人际关系与具体工作存在差异，如果缺乏一个良好的协调机制的话，他们彼此之间是很难自发完成良好的合作的。

解决这一问题的关键就是沟通。而且，不但要有上下级之间的良好沟通，还要有同级成员之间的相互沟通。事实证明，良性的沟通往往是建立在团队内部良好融洽的人际关系上。上下级互相尊重，而同级人员则相互信任，而不是钩心斗角，这是良性沟通的前提。当然，团队领导必须对沟通进行掌控，要知道，沟通也是有成本的，要是因为频繁的沟通而导致团队工作效率低下，或者因为沟通浪费了大家的时间，这个成本就有点高了。

一般来说，由于利益的冲突，团队内部自发的相互沟通往往会遇到许多障碍。此时就需要团队领导出面协调，协调的作用首先是协调各成员所负责的具体工作，使之可以得到顺利地衔接，得到有机整合；其次是协调各成员彼此间的人际关系，从而促进合作的积极性，使得整个团队可以更紧密协作。这些，都要求团队领导必须有良好的沟通能力。

最后一点，也是很容易被忽视的一点就是监督。团队领导不仅仅要监督团队工作的整体进度，还需要监督团队内各成员自身工作的进度。

监督的目的是促使团队内各成员都负责地完成本职工作，并使之不进行任何可能危害团队工作的行为。因此，在对各成员完成职责的情况进行考察的同时，它还应该包括惩罚和激励机制。

惩罚的作用是矫正成员的不负责态度和危害性行为，使之树立起认真负责的态度，并给其他成员以警示的作用。而激励的作用则是巩固成员对本职工作负责的态度，从而延续这种正确的工作态度，并给其他成员以榜样的作用。

通过以上对分工、合作、监督这三个流程的具体操作，团队领导就可以为团队内的良好协作打好基础，以保证团队工作的顺利完成。

3. 自动自发

拖延时间，几乎是所有职场人都具有的一种恶习。有些人认为，偶尔拖延一下没有什么大不了，反正也没有造成什么严重的后果，但是，很多事情通常是有第一次就有第二次、第三次、第四次……一旦拖延成了一个无法改变的恶习，必然会造成大的恶果，或许这个恶习将最终使我们与成功无缘。

所以，不管做什么事，都要自动自发，只要你考虑好了就立即动手去做，绝不拖延。有时候也许你只拖延了一分钟，却错过了一个等待十年都不会再出现的机会。不要等到酿成大祸之后才后悔自己没有及时行动，只要你考虑清楚了，就要在心里大声地告诉自己：现在就行动，马上！

一天晚上，李嘉诚在一本杂志上读到一则消息：意大利一家公司开发出了塑料花，即将投放市场。李嘉诚心中一亮，这不正是自己公司大发展的良机吗？

第二天一早，李嘉诚就放下自己手中繁杂的工作，只身前往意大利"偷艺"。到了意大利，李嘉诚费了很大的周折，才在那家生产塑料花的公司找到了一份搞清洁的工作。

在那家公司做清洁工期间，李嘉诚每天都推着小车在各个车间清理废品，他认真观察塑料花的生产流程，倾听员工们有价值的谈话。回到宿舍，他就迫不及待地把自己看到的、听到的东西详细记录在笔记本上。经过一段时间的学习，李嘉诚掌握了塑料花制作的工艺流程和技术要领，他就购买了各式各样的塑料花，装了一大包，带着资料和样品回到了香港。

一回到工厂，他就用重金聘请了几位塑胶专家开始研究开发具有东方格调的塑料花。不久，李嘉诚的工厂生产的塑料花上市了。凭借物美价廉的优势，李嘉诚在香港引发了塑料花热潮。几年以后，李嘉诚就成了世界著名的“塑料花大王”。

第一天晚上在香港得到消息，第二天就到意大利学习技术，正是李嘉诚的这种自动自发的果断和快捷，让他抓住了发展的良机，一举成就了自己辉煌的事业。

所以，无论什么事，我们不只要想到，最重要的是做到，因为只有行动才能让我们的思想变成现实，才能让我们的梦想成真。能否把思想以最快的速度转化为行动，是天赋相近的人在成就上产生天壤之别的关键。

成功的人都是积极主动的人，而那些庸庸碌碌的人则几乎都是消极被动的人。积极主动的人总是认真切实地将自己的想法付诸行动，直到达到自己的目标；消极被动的人则会找借口拖延，最后，很可能的结果是，他的想法已经来不及实施了，或者已经被别人先实行了，他们根本没有再实行的必要了。

1974 年，保罗·艾伦在一本杂志上看到一篇介绍世界上第一台微型计算机的文章，他感到一场计算机的革命即将来临。艾伦急忙拿着那本杂志去找比尔·盖茨。看了那篇文章，盖茨与艾伦决定共同创业。在随后的八个星期里，他们夜以继日地工作，用 Basic 语言编出了一套程序。他们带着程序走进那家微型计算机生产厂，与厂家签订合同：厂家付给他们 3000 美元，以后每出一份拷贝再付 30 美元的版税。1975 年，比尔·盖茨和保罗·艾伦成立了微软公司，后来他们让所有人看到了自己的发展和成就。

在 1974 年，也许最先读到那篇有关微型计算机的文章的人不是艾伦。相信看过那篇文章的人有很多，其中技术水平和知识水平最高的，很可能也不是艾伦和盖茨；意识到计算机革命即将来临的人也不可能只有他们两个，但是为什么微软却没有在其他人手中产生？

因为盖茨和艾伦一发现机会就牢牢地将它把握住了。把握机会可以使后起者超过先行者，可以使技术水平低的人战胜强大的对手。

阿姆兹·普雷姆吉是印度 IT 业的领袖、《福布斯》杂志评出的全球

10 位最有影响力的富豪之一。1977 年，普雷姆吉发现计算机市场具有巨大的商机，他抓住 IBM 撤离印度的时机，集中全部精力和财力主攻软件市场。当年投入的 200 万美元后来逐渐增长到几十亿近百亿美元。因为，他坚信好的战略只是成功的 1/3，更重要的是抓落实。离开了行动，再好的战略也毫无价值。

每一秒都是生命中极为珍贵的时光，一件事情要做就做到最好，工作中，不要再说“有空再做、明天做、以后做、等等再说”这些话，立即行动起来，摒弃拖沓的坏习惯。

你有没有出现过这种情况：上班时间明明知道自己还有很多事没有做完，却仍然在 MSN 或 QQ 上孜孜不倦地跟朋友闲聊；明知马上要交策划方案，却还在玩网络游戏、给博客贴照片、在各大论坛看帖子；本来今天可以完成的工作，一定要拖到第二天……

工作中，我们应该摒弃拖沓的坏习惯，保持“今日事、今日毕”的工作作风，保持一种积极向上的工作劲头。因为拖沓是一种非常不好的工作习惯，是阻碍个人事业成功的绊脚石。人们尤其会在执行一些非常重大的任务时拖延，这些任务往往聚焦了很多人的目光，他们生怕自己做不好。这个时候拖沓就会跑出来保护他们，暂时缓解焦虑。

无论拖沓的原因是什么，我们想象一下，本来应该今天完成的工作拖到明天才做，其结果会是怎样？无疑，应做而未做的工作会不断给人以压迫感，让人的心理压力越来越大，最终的结果是导致人心情不愉快，总觉疲乏，工作效率低下。职场中的每个人可能都被拖沓这个坏习惯困扰过。殊不知，工作中好的机会往往稍纵即逝，犹如昙花一现。如果当时不善加利用，错过之后就后悔莫及。今天你把事情推到明天，明天你就把事情推到后天，许多机遇就在一而再、再而三的拖延中失去了。

4. 共同成长

（1）帮助员工实现梦想

我们处在一个讲求共赢的社会环境当中，所以一个团队要想有战斗力，其成员之间必须保持共赢的态势才行。一家企业也是如此，任何一家企业的成功都不是单纯的老板个人的成功，而是老板与员工一起努力得到的成就。

所以，企业赢利之后，老板和员工都能公平地获得相应的报酬才能使企业健康地运转下去。而实际上，很多老板却意识不到这一点，他们只在乎自己的成功而忽略了员工的诉求，这就造成他们的企业很难获得持久的发展。

实际上很多保持健康态势的企业，其老板都是特别注重员工的诉求，他们甚至本着这样的心态建立企业，即创建一个平台帮助员工实现梦想，顺便实现自己的梦想！

(2) 充分尊重员工的自主性

老板激发员工成就感的一个有效策略，就是充分尊重员工的自主性。研究表明，成就需要是基于内在心理体验的一种需要。其满足来源于人们对所取得的工作绩效的一种内在心理体验。这种体验包括两种：一种是对工作成果中凝结的个人贡献的体验，一种是将个人贡献与他人比较获得的优势体验。

通常来说，一个人获得的自主性越大，个人在团队中的地位越高、就越能体验到成就感。这就要求领导者在管理团队的时候，一定要给予属下充分的自主性。领导者能放的权力，一定要放，让员工发挥最大自由完成工作任务。这样，当他们完成任务的时候，就有最大强度的实现自我价值的感觉。

实际上，很多领导者并不明白这个道理。他们在带团队的时候，常常这也管、那也管，事无巨细，吹毛求疵。这样就导致员工的自主性无法发挥，他们被老板束缚住了。在这样企业工作的员工通常是感觉不到多少成就感的，所以他们的工作积极性也很差，他们中的大部分人基本上都是处于当一天和尚撞一天钟的工作状态。这样的团队显然是没有战斗力的，当然也不会获得持久的发展。

相反，在一些著名的企业里，精明的老板总是给员工最大的工作空间，让他们体验主人翁的感觉，而自己只负责鼓励和帮助员工。

微软是一家没有官僚作风的企业。企业的领导者比尔·盖茨充分尊重员工，放权给每一个人主导自己的工作。微软的员工处处都能体会到一种人人平等的感觉，比如，微软没有“打卡”的制度，每个人上下班的时间基本上由自己决定。在这家企业里，资深人员基本上没有“特权”，依然要自己回电子邮件，自己倒咖啡，自己找停车位，而且每个人的办公区域基本上都一样大。

比尔·盖茨施行“开门政策”，这就是说，企业的每一个人都可以找任何人谈任何话题，当然，任何人也都可以发电子邮件给任何人。一次，一个新员工在开车上班时撞了比尔·盖茨停着的新车。她吓得询问经理该怎么办才好，经理告诉她只要发一个邮件向比尔·盖茨道歉就是了。于是，她发了一封电子邮件给比尔·盖茨，不到一个小时，对方便回信了，他告诉她，别担心，只要没伤到人就好，还对她加入企业表示欢迎。

微软不仅在一些细节上给予员工充分的权利，而且它还鼓励员工畅所欲言，对企业存在的问题，甚至上司的缺点，毫无保留地提出批评和建议。比尔·盖茨说：“如果人人都能提出建议，就说明人人都在关心企业，企业才会有前途。”微软因此开发了满意度调查软件，每年至少做一次员工满意度调查，让员工以匿名的方式对企业、领导、老板等各方面做回馈。所以，微软的每个经理都会得到多方面的回馈和客观的打分。比尔·盖茨和其他他高层领导以及人事部门都会仔细地研究每个经理的调查结果，计划如何改进。

1995年，当比尔·盖茨宣布不涉足因特网领域产品的时候，很多员工表示反对。其中，有几位员工直接发信给他说，你这是一个错误的决定。当比尔·盖茨发现很多人都反对他的意见时，便花很多时间与这些持反对意见的员工见面，面对面探讨这个问题，最后他写出了《互联网浪潮》这篇文章，承认了自己的过错，改变了当初的想法。同时，他把许多优秀的员工调到因特网部门，并为此取消或削减了许多产品的研发计划，以便把企业的更多资源调入因特网部门。那些当初批评比尔·盖茨的人不但没有受处分，而且得到重用，如今他们都成了企业重要部门的领导。

比尔·盖茨处处给予员工足够的权利和尊重，这就使得他的员工能够获得一种成就感，从而尽心尽力为企业工作，这是微软强大的一个重要原因。刚刚创业的人在管理企业的时候，更应该学习比尔·盖茨的管理策略，给创业伙伴充分的信任和权利，让大家感受到创业成功不仅是成就你一个人，更是成就大伙，这样企业才有凝聚力和战斗力。当然，创业者能这样做，也在无形当中提高了自己的领导力。

大道至简，知易行难。许多人都明白“先成就同伴，后成就自己”的道理，可就是做不到。归根结底，这就是自私自利的心思在作怪，他们不愿意把权力和利益与他人分享，而只想自己独占独享。创业者想成功，就要克服这种小家子气的毛病。作为企业的领导者，只有具备先成就别人后成就自己的心胸，并且尽力去实现它，成功才会水到渠成。

第二节　构建以人为本的企业文化

企业文化的重要性越来越受到人们的关注。如果有良好的文化，企业员工就能够在轻松愉快的环境中工作，他们彼此信任，有共同的目标，能够互相合作，并爆发出极强的创造性和战斗力；而在那些没有企业文化或者有不良文化的团队里面，成员之间关系冷漠，上下级也缺乏沟通和信任，部门之间更是互相推诿，内耗严重，最终导致目标无法实现。

毛泽东说：“没有文化的军队是没有战斗力的军队。”杰克·韦尔奇则说：“如果你想让列车时速再快 10 千米，只需要加一加马力；若想使车速增加一倍，你就必须要更换铁轨了。资产重组可以一时提高公司的生产力，但若没有文化上的改变，就无法维持高生产力的发展。”两个人的语言不同，但意思却都一致，他们都强调了文化对一个企业的重要性。

1. 构建“内生式”文化

虽然常常有人说，要弘扬企业文化，要发扬团队精神，看起来很重视企业文化。但当你问他是如何打造企业文化的时，得到的回答却让你大失所望。很多人对企业文化的理解，就是参加一些训练公司的团队训练项目，如分成几个团队进行齐力拉绳吊木桶比赛、拔河比赛、蜈蚣比赛、拉绳扎房子等活动，以为这些训练就能弘扬企业文化。还有一些人则实行“拿来主义”，把一些杰出企业的文化照抄照搬过来，认为这样就能让自己的企业具备了优秀的文化。

这种打造企业文化的方式，实际上是一种形式主义。真正的企业文化，从来都不可能靠移植或复制就能成功。就如同一个公司的管理，只靠学习模仿西方公司的管理理念，而忽视了自己的成长环境，是永远不可能成功的。西方很多成功的管理模式，一旦被引进中国就遭遇“不适用”的困境，就是这个原因。

从20世纪90年代中期开始，中国餐饮业就开始模仿肯德基和麦当劳的标准化模式搞餐饮连锁。他们把自己的店面装饰得与麦当劳和肯德基很相似，包括统一装修风格、统一着装、统一餐具、统一食品供应等，甚至连麦当劳的“儿童乐园”也被照搬了过去，有的甚至紧紧跟在国外餐饮连锁企业后面模仿他们的一切经营方式和营销战略。

然而，十多年过去了，成功者很少，成名者很少。这其中的原因固然各种各样，但毫无疑问，这些模仿者都违反了一个基本的规律，那就是他们都忽视了中西餐饮文化的差异。

中餐往往注重配料精细而考究，千变万化，技巧繁多。从刀功来看，就要求眼、刀、心的一致配合，才能达到一定的境界。在烹制过程中还要做到火候、味感的把握。出盘则是圆盘相托，一团和气，反映出中国人的聚气而生，以圆为主，平和而儒雅。可以说，灵巧而善于思考，理性而知性的中国人形象在饮食中被表现得淋漓尽致。

西餐文化与中餐文化有很大的区别，西餐文化是在西方传统文化的基础上，经过现代工业文化的不断改进而形成的，其中无形地渗透着西方文化传统的一些方面，如“平等”“自由”“卫生”“隐私”等文化内涵。

美国最多的还是快餐店，这可能与美国人的时间观念、生活方式有关。美国人素来讲究效率，也最不拘小节，快餐文化在美国的蓬勃兴起大概也和他们的这种秉性有关。快餐的卫生、高效、节约时间和休闲浪漫是西方快餐发展壮大的文化基础。

从文化的层面来看，中餐重视的是亲情、气氛、营养、形式；西餐更多重视的是效率、卫生。这种不同，恰恰是中西方民族文化差异的重要组成部分。如果无视这些差异，一味地追求向西方餐饮巨头学习，生搬硬套地挪用西方餐饮企业管理的经验和方法，而不针对中餐文化的特点加以改进，最终一定以失败而告终。中式餐饮的标准化连锁成功的例子很少，很大的原因就在这里。

如果管理模式的复制都很难成功，那么与生存环境有更紧密联系的企业文化就更难以复制成功了。

事实上，一种好的企业文化，是极其难以被模仿或者复制的。张瑞敏说："海尔的核心竞争力就是海尔文化，海尔的什么东西别人都可以复制。"唯独海尔文化无法复制，由此可见文化的独特性，也正因此，我们在构建企业文化的时候，应该遵循"内生式"原则，而非拿来主义。

所谓内生式文化，其核心就是，企业文化的形成并非模仿或复制于其他团队，而是从自己的团队内部诞生出来。在基于自有成长环境的基础上，对团队内部各成员的价值观、职业态度进行梳理提炼，最后所形成的一种对团队成长有利的文化，就是团队的内生式文化。

内生式文化的优势就在于，它能更好地被团队成员接受。如果是把一种和大家的工作习惯截然不同的文化拿过来，强制大家学习，那么人们就会产生排斥心理。内生式文化则不同，它是把大家的工作习惯中正面积极的共性部分提炼出来，把它变成一种原则，让大家遵守。

通常来说，团队只要有三个人以上（包括三个人），就会形成一种文化。这种文化可能是正面积极的，也可能是负面消极的。如何引导、提炼正面积极的文化，让它变成清晰可依的团队精神，需要团队领导有意识地构建。

构建内生式文化的第一要点就是不能偏离公司文化的氛围。每个公司都会有自己的文化氛围，这种氛围构成了不同于其他公司的文化特色。如果团队领导忽视了这一点，很容易就会进入误区。比如有的人进入一家新公司带领一个新团队，他觉得上一家公司的文化要比现有公司的文化优秀，于是就想把上家公司的文化移植过来，直接变成现有的企业文化。这种想法看起来很吸引人，殊不知却是一个很大的陷阱，很多职业经理人无法在新的公司里面干下去，就与此有关。

所以，无论原公司的文化如何优秀，在进入新公司后，你必须接受它既有的文化。要知道，每个公司的成长经历和环境不同，它所形成的文化也会表现出很大的差异性。海尔的文化不见得适应华为，联想的文化也不见得适应娃哈哈，但它们却都经营得非常好。因此，文化并没有绝对的好坏之分，而只是适合与不适合的问题。

2. 不能偏离公司文化

在构建团队的内生式文化时，一定不能偏离公司文化这个大的方向。如果公司强调加班文化，而你却要求团队严格遵守上下班时间制度，即使你确实为团队成员争取了权利，团队的战斗力也得到了保证，你还是难以得到上司的赏识与支持。如果公司文化带有很强的人情味，而你却一定要求大家严格地按制度执行，虽然你是正确的，你的管理方式也是科学的，你还是会以失败告终。

北大方正虽然经历了多次高层人事变动，但公司内部依然保留一种充满亲情和凝聚力的文化。作为一家由校办企业发展起来的高科技公司，公司内部的许多人员之间要么是师生关系，要么是同学关系。公司内部下级对上级常以“老师”相称，虽然没有明确的制度和流程，但企业对忠诚、献身精神和创新精神却给予了很高的鼓励，并授予那些值得信任的人很大的权力。一句话，在公司里面，“人治”是管理的主要特点。

从惠普跳槽到方正的李汉生走马上任后，曾为方正居然被许多人视为中国高科技企业的典范感到不可思议。因为公司内存在显而易见的问题：资源配置低效率和资源使用低效率；大锅饭严重；组织臃肿而且分工不明确；缺少科学的政策、规则、步骤与程序，问题的解决或处理具有太多的特殊性、任意性和随机性。一言以蔽之："简直是农业社会的管理！"

面对这种局面，李汉生几乎毫不犹豫地做出选择：彻底摧毁这种结构和文化，以机械式管理系统对其进行替代，即重构以集权、严格的层次、科学的分工、严格的制度和严密的控制为基础的新的结构与文化，同时削减不能赢利的业务，更换不能接受这种文化和管理模式的人员。

李汉生的"新政"在公司内部引起极大争议，有人问他："如果你在公司看到暖瓶倒了，是否把它扶起来？"李汉生间接地回答："是你的职责，你必须扶起来；不是你的职责，就不需要你管。"这样的回答显然已经没有再争议下去的必要性。经过一段时间的剧烈动荡，北大方正已非老员工心目中的方正，甚至也不是创业者心中的方正了，事实上老员工已经所剩无几，公司变得面目全非：原有的忠诚、凝聚和创新精神没有了，新的管理体系和文化也没有建立起来，核心竞争优势逐渐销蚀，最后李汉生也不得不黯然"下课"。

李汉生的失误在于他要构建的新文化不是内生式的，而是从其他公司移植过来的。这种移植的文化与方正既有的文化严重冲突，势必会引起人们行为及心理上的抵抗。如果李汉生是公司的最大掌权人，对公司有着绝对的领导权，那他可以进行这种巨大的文化改变。但他不是，他只是一个职业经理人，所以他最后只能走人。

如果李汉生能够对方正这种人情味很浓的文化因势利导，而不是全盘否定，他很可能会获得成功而不是走人的下场。当然，他的目标并没有错，错的是他在摧毁旧文化的时候，并没有建立起一种新文化。

任何一个团队领导，都必须学习公司文化中合理的一面。每个企业能生存下来，必然有它的道理。因此，无论你是“土生土长”的公司老人，还是“空降兵”，都要首先学习公司原来的做法。只有把公司的文化了解了，才能在它的大原则下去创新。

3. 形成自觉文化

一些企业在招聘的时候往往要求员工要认同企业的文化，看起来这一要求比较合理，但是从公司的角度看，其相当于一句空话，没什么实际效果。很明显的事实是，如果一个人真的想进入你的公司，即使他并不认同你的公司文化，但出于生存的考虑或者其他的原因，他也会表示自己认同公司的文化。而这种认同，在招聘的时候往往是分辨不出真假的。

而如果我们的企业具备了“无性繁殖”的特征，也就是形成自觉文化，那么即使你不刻意要求，新员工也必须主动去适应你的文化，否则他就没有立身之地了。这就好比在一个潜规则盛行的环境里面，如果你不遵守、不适应潜规则，就做不成事一样。同样，在一个团队里面，如果你不适应团队的“明规则”，你就无法和其他成员进行合作，没有合作，你在团队就失去了存在的价值。

那么，如何建立“无性繁殖”团队的制度呢？

仍然需要建立团队的愿景。虽然在很多人看来，愿景是一个非常虚幻的东西，远不如具体的奖罚制度可靠，但如果你想要建立一支有战斗力的团队，想要你的团队存在得久一点，愿景就是必不可少的。

俗话说：“物以群分，人以类聚。”愿景实际上就是起到了让你找到同类人的作用。而且，在同样的愿景下，即使每个人在具体的工作中采取的方式不同，其目标却是相同的，这也会大大提高大家协作的愿望。

如果大家都有着同样的愿景，也就意味着大家都有着同样的“基因”，在这样的情况下进行合作，势必会取到事半功倍的效果。而如果愿景不同，也就意味着基因不同，互相之间也就不能融合，从而无法进行合作。

接下来，就要看看团队有没有奖罚分明的制度。一个奖罚分明的制度很容易就能把那些不属于“我方”的“异己分子”检验出来。当然，在这儿重点还是在罚上。对于那些不能融入到团队“明规则”的员工来说，他们必须受到处罚，团队领导也必须明白，处罚的目的是为了让他们向团队靠拢，而不是为了处罚而处罚。对于那些根本无法融入到团队中的人来说，处罚也是为了让他们知难而退，自动离开团队。

一个被量化了的考核标准，能够让员工明确看到晋升之路的制度，同样可以让员工主动向“组织”靠拢。就如同一个自学成才的天才，如果不能取得官方的各种资质，就很难被那些科班出身的人认同一样。也就是说，你只有先融入他们的圈子，接受他们的规则，你才能有晋升的机会。这种规则所带来的效果，就是“无性繁殖”的效果。不用别人教你怎么办，只要你想晋升，你就知道自己该怎么办，这就是制度产生的“无性繁殖”。

最后一点就是淘汰机制的建立。此处的淘汰和一些公司实行的“末位淘汰”机制有着本质的区别。末位淘汰在一定程度上容易激发团队内部的不道德竞争，从而破坏团队的合作气氛。我们可以从一个故事看到末位淘汰制度的内在缺陷：

两个人到树林里游玩。正当他们兴致勃勃地观赏自然景色时，突然发现一只大黑熊向他们跑来。两个人一时惊慌失措，但其中一个人马上冷静下来，迅速地换上跑鞋。另一个人看着他忙碌，不解地问：

“你换鞋有什么用呢？难道你还能跑得过狗熊吗？”

换跑鞋的人说：“我不是要跑过熊，我只要跑过你就行了。”

这虽然只是一个寓言故事，但却可以让我们反思末位淘汰制的弊端。在末位淘汰制的规则下，人们的精力不是放在工作目标上，而是放到了自己的队友身上。因为不管你的工作做到什么程度，只要你不是最后一名，你就不会被淘汰。

我们所讲的淘汰机制则与此不同。在具备“无性繁殖”特征的团队里面，不管一个人的能力有多强，只要他不能和大家产生协作关系，他就会被排斥在团队之外，这种排斥是自发的、内生的，不是靠某个领导下命令造成的，这就是我们所讲的淘汰机制。在这样一种内生的淘汰机制下，一个人如果不想被团队排斥在外，他势必要想办法让每一个人都认可他，而唯一的办法，就是接受大家的游戏规则，否则，没人“陪他玩”。

综上可以看出，建立“无性繁殖”的团队制度所遵循的一个基本原则就是：在不用施加外力的情况下，你的团队成员会主动去适应团队的文化和规则，将自己改变成团队的一分子。这一原则把握住了，团队的制度建设在人才培养上就有了“无性繁殖”的基因。

4. 解决问题比追究责任更重要

很多团队领导都有这样的经历，当某个项目出现问题后，团队成员不是以解决问题的态度和你沟通，而是不断寻找各种借口，尽量把责任从自己身上推开。其实，对团队来说，到底是不是有特殊原因并不重要，重要的是能否尽快解决这个问题。遗憾的是，很多人并不能意识到这一点，而仍然在推诿责任上纠缠不休。

当问题出现后，人们总是习惯于先去找原因、找责任人，而忘记了先把问题解决的重要性。这是一种很普遍的工作现象。而当一个团队弥漫着这种工作态度的时候，它的战斗力也就在无形中被削弱了。

在一些公司里面，研发人员与市场人员之间总是充满不可调和的矛盾。一项产品的市场销量不佳，销售人员往往会把责任推到研发人员身上，指责他们研发的产品不适合市场需要；而研发人员也不甘示弱，指责销售人员并没有努力去推广新产品，导致了新产品的滞销。这样彼此攻击的结果是，问题没有得到解决，矛盾却在不断加深。最后即使研发人员研发出了更好的产品，销售人员也不尽心去推广，导致了整个公司的亏损。

聪明的团队领导在出现问题后，首先想到的应该是如何解决它，而不是去追究问题产生的根源。与其花费大量的时间争吵不已、相互推脱责任，还不如集中精力先将问题解决。任何事情都要分轻重缓急，管理工作更是如此。在一个团队里，大家很容易在无关紧要的事情上争论不休，这样不但无法解决问题，更是在白白浪费时间。因此，团队领导要有分辨事情轻重缓急的能力，与其把精力花费在没有助益的事情上，不如立刻着手改正问题，以免问题扩大，徒然浪费宝贵的时间。

最好的办法当然是，在团队内部形成一种解决问题而不是纠缠责任的文化。这并不是一件困难的事，相对于其他一些强制性的管理制度，这一理念还是比较容易被员工接受的。除了一些比较固执的员工，大多数人都会喜欢这种解决问题而不是纠缠责任的态度。

尤其是对那些不断与公司外的人员打交道的团队来说，这种工作理念尤其重要。比如销售团队，他们时刻都在与客户打交道。如果不具备这种先解决问题的态度，就会在一些细枝末节的小事上与客户纠缠不休。而对客户来说，谁的责任并不重要，重要的是问题能否解决。

海尔有一条很重要的管理经验：顾客永远是对的。从现实来看，顾客当然并不完全都是对的。海尔如此做，似乎有讨好顾客之嫌。但事实上，当海尔把这个经验上升到制度层面的时候，无论是设计人员的工作效率，还是营销人员的经营业绩都得到了很大提升。

根据美国学者的调查研究，在终端销售领域，一位不满意的顾客会把她的抱怨转述给 8 ~ 10 个人听，而公司如果能当场为顾客解决问题，95% 的顾客会成为回头客；如果推迟时间解决，处理得好，将有 70% 的回头客，顾客流失率为 30%；若顾客没有得到正确的处理，将有 91% 的顾客流失率；当顾客的不满得到满意地解决时，他们一般会继续做公司的忠诚顾客，并将向朋友和同事讲述自己的抱怨怎样得到解决，但是那些被忽视的或者没得到重视的甚至得不到公正对待的顾客，可能在他们相关群体中或通过大众传媒传播自己的经验，这样公司推动的不只是顾客一人的流失，而是相关群体甚至更大范围市场的葬送。

可见，解决问题而不是纠缠责任的工作态度，看似只是某个人的问题，实际上却关系到整个公司的发展前景。事实上，它最直接的影响是削弱了团队的工作效率，让团队无法高效地完成工作任务。

要想更好地让团队成员具有解决问题的工作态度，团队领导就需要使每个成员的责任清晰化。只有责任清晰化了，人们才无法在问题出现后互相推诿。即使确实有客观原因，由于问题终究要解决，责任人也不愿把时间浪费在“扯皮”上面。因为那样一来，损失的只能是他自己的时间，而且他的工作业绩也会受到明显的影响。

团队领导还要认识到，问题解决后，责任该追究的还是要追究。不能因为问题得到了快速有效的解决，就不再追究相关人的责任。解决问题是职责所在，追究责任是管理的原则，它们之间不能模糊。

团队成员如果都具备了解决问题而不是纠缠责任的工作态度，这个团队一定会受到所有人的欢迎。因为对团队外面的人来说，他们只关心结果而不关心谁该负责任。即使在问题解决后，有人为之被解雇，也与他们无关。其实，即使在团队内部，大多数人也不愿在谁该负责任这个问题上纠缠不休。因为大家是一个整体，他们的业绩以团队的形式表现出来。如果因为相互推诿责任而导致了团队业绩的下降，即使某个人业绩再好，团队工作没做好，他也难以得到嘉奖。

第三节　让心派文化落到实处

1. 建设“以人为本”的文化

（1）积极合作——培养员工团队精神

企业文化是一种文化氛围、道德氛围和工作氛围，对于员工而言就如同使作物生长良好的土壤，它能够提高员工的积极主动性，加强员工的合作精神，激发员工的创造力和增强企业的凝聚力。每一位员工进入这个氛围里很自然地会受到熏陶和教化，产生一种从善如流的心态，发自内心遵从它、喜欢它，并以它为楷模和标准来自觉规范和约束自己的行为，从而给人一种潜在的动力，催人奋进。大家团结协作，并自觉通过努力向顾客提供最佳服务。

（2）尊重员工——营造快乐工作氛围

尊重是沟通的主题，而关注则是尊重的体现，快乐的工作氛围不仅能够使员工的服务态度更加热情，也能够使他们的工作效率大大提高。

北京香格里拉饭店非常重视员工感受，认为“一切从人做起”是提供良好服务的保障。香格里拉有非常漂亮的员工区，餐厅豪华、时尚，而且带有文化气息，还取了一个非常好听的名字，叫“香格人家”。这看上去不像是员工餐厅，很像是待客区的艺术餐厅。总经理认为，优雅舒适的环境，可以使北京香格里拉饭店的员工每天都能在一个极其愉悦、轻松的环境中开始一天的工作。这一点正是他和饭店管理层的追求所在。

(3) 信任员工——给予员工充分授权

古语说：“用人不疑，疑人不用”。对员工授权，让他们放开手脚自主地完成工作任务，尽情地把工作才能发挥好，这是对企业员工信任的最好诠释。如果员工在工作中需要层层汇报才能解决问题，一会影响工作效率，二会影响员工的情绪，抑制员工解决问题能力和创造力的发挥。

里兹·卡尔顿公司的首席执行官霍斯特·舒尔茨先生坚信员工的重要性，他表示应把更多的权力下放给员工。饭店规定所有员工在未经批准的情况下都可以使用高达2000美元的金额来处理顾客投诉和纠正错误。这一权力下放的做法是对员工充分的信任，给予了员工极大的工作积极性。

(4) 多元培训——提供员工发展空间

培训员工是建设以人为本的企业文化的关键环节。多元化地培训员工，可以增强企业员工在工作过程中的信心，使员工面对任何情形都能得心应手。理性的员工总会挑选那些能资助自己终身学习、给予各种培训，从而促使自己事业发展的工作氛围的企业。对一线员工认真选拔和良好培训，给予他们解决顾客问题的自由，奖励他们良好的表现，甚至是给予确保完成任务的责任，都能使他们产生高度的自信和对企业的满意度。

通过多元的培训，员工可以获得较强的工作能力，而且随着他们的能力提高，管理者就可以把一些责任和做决定的权力下放给一线员工，使他们感受到自身的发展和提高，进而感受到他们也有很大的发展空间和机会。

2. 人人参与文化建设的七个步骤

企业文化的建设，需要每一个员工的参与，因为企业文化是全体员工的文化。如何建立起企业文化呢？总结起来一共有七个步骤，完成这七个步骤往往需要数年的时间。

（1）提高录用标准

一流的企业要有一流的人才。一流的员工不仅具备才，还要具备德，很多人对从事服务业工作有偏见，认为这是“伺候”人的活，于是从心底里不乐意干这个活。

对接受企业服务工作犹豫不决的人，即使能力再强，也不要录用。为此，整个人才录取程序包含了两个同等的部分——吸引和劝阻。让应征者既了解到企业的实力，同时又告诉他们将要面临特别长的工作时间和非常严格的要求。

（2）让新员工从最底层开始

管理水平高的企业总是压给新员工不胜负担的工作，使他们筋疲力尽。如果忍受不了这样的重负，最好让他们工作伊始就清楚这一点。另外压下这样重的工作还有一个隐藏的动机，目的是打消他们自鸣得意的心理，使他们认识到自己的弱点，从而能够自然地向他人求助。

（3）让未来管理者负责具体工作

有经验的企业，无论大小，总是让企业高层管理人员负责核心业务，并从最底层的工作做起。这是一个永恒的公式，就像一个开面包房的父亲一定会让自己的孩子学会如何烤面包，如何包装，如何采购原料，以及如何售货等一系列程序。

(4) 对员工实施奖罚制度

企业文化必须有下面两点作为支撑：企业的任务、奖励优异的工作者。其实只需要记住第一条，第二条则无须劳神去记住。

(5) 教育员工，提高境界

赚钱是一个强烈的企业文化的成果，而不是方式。在一个非常重视价值的企业，员工们一定会忠心耿耿地为企业工作。

(6) 建立企业传统

所有的企业都有自己战胜困难，冲出逆境的回忆。但是在重视企业文化的地方，人们不断重复这些故事直到它们被笼罩上神秘的光环。

(7) 树立先进人物，证实企业文化

为年轻的员工树立榜样非常重要。强烈的企业文化能够寻找出这样的先进分子，并建立起师徒间的关系，这样做才能使公司文化继续发展。

第六章　心派企业文化的强化

我们知道，企业文化决定着企业的兴衰成败，所以必须高度重视文化管理工作，不断增强企业的竞争力，使企业充满活力、生机勃勃，处于不败之地。这就要求我们必须做到，文化管理需要长期持之以恒地贯彻和落实，让企业文化深入企业的每一个员工。

第一节　制度高于一切

制度不但能激发团队的战斗力，它还是团队有效战斗力的保证。从现代管理学的角度来看，一个优秀的团队，必定是建立在完善的制度之上，而不是建立在领导者的个人魅力之上。虽然领袖魅力对凝聚团队起着重要的作用，但对于那些想要长久发展的团队来说，完善的制度要比领袖更可靠，更容易让人找到做事的方向。

1. 毫无折扣地执行

制度就是做事的秩序，也是做事的规则，更是对规则的自觉遵守。当团队成员都发自内心地愿意遵守工作制度时，那么成员之间的相处就会更体贴、更和谐，彼此之间的合作也会变得更加紧密、更加默契。

中国人最喜欢变通，而讨厌按规矩做事。我们通常会认为，变通会提高我们的效率，提升团队的战斗力。可事实情况却是，变通不但不会提升团队的工作效率，反而会削弱团队的工作效率。

新希望集团总裁刘永好曾经到韩国的一个面粉厂参观，参观回来，他受到了极大的震撼，几个晚上都睡不好觉。原来，韩国本土面粉厂和韩国在中国投资的面粉厂工作效率相比，前者是后者的10倍，因为效益不好，韩国企业关闭了在中国投资的面粉厂。刘永好问韩国厂长："同样的设备、同样的管理层，为什么效率相差这么大?"韩国厂长含蓄地说："中国人做事不到位。"

刘永好琢磨了几个晚上，得出的结论是：这种人力效率上的差距，绝不是简单的加和关系，而是乘积关系，一个人的效率是我们的1.2倍，10个人的效率是我们的1.2的10倍，所以他们的10个人就相当于我们的100个人。

为什么会有如此大的差距？刘永好认为是因为我们做事情的效率也比人家低，而且就是每个人那么一点点的差距，就造成了企业之间巨大的落差。刘永好认为更深层的原因是中国人缺少自觉的补位意识，我们只有具备了自觉的补位意识，才能使工作不是做到9分，而是做到10分、11分，然后就能拿10倍于现在的工资，就有可能赶上欧美了。

把中国人的效率低下的原因归结为缺乏补位意识，刘永好其实还是没能找到问题的根源。其实，中国人的效率不高的真正原因，那位韩国厂长已经说得很清楚了：中国人做事不到位。

什么叫做事不到位？其实就是我们不按规则做事，不按制度做事，不按流程做事。我们知道，无论是日本企业还是韩国企业，它们对每项工作都制定了清晰的流程，而无论是在日本还是在韩国，它们的员工从来不会想着去变通，而只会按照既有的流程做事。哪怕这个流程增加了他们的工作量，延长了他们的工作时间，他们也会不打任何折扣地去执行。

毫无折扣地去执行，这才是韩国人效率高的原因，也是他们的员工战斗力强的原因。韩国厂长所说的"中国人做事不到位"，实际上就是指的这一点。

在日本，即使已到深夜，当你走出地铁口的时候，那里的工作人员还是会一如既往地站在那里，非常诚恳地送上一句“晚安”，给疲惫不堪的乘客一丝难得的温暖。此时，在没有外界监督的情况下，他说与不说其实是没有人知道的。但他仍然坚持这么做，这就是毫无折扣地执行，也是工作到位的最佳表现。

制度高于一切！流程高于一切！它不应该仅仅是一句口号，而应该成为团队一切工作的准则。无论遇到什么样的特殊情况，我们都不应该违反制度，因为它是公司健康成长的保证，也是团队不断成长的保证。只有严格地按制度做事，团队才能保证永续生存。

下面我们来看宋联可工作室的一个原创情景剧案例，思考以下四个问题，相信你会对执行力有新的认识与感悟。

问题：

A. 你给这个经理打多少分？为什么？

B. 你给这个秘书打多少分？为什么？

C. 假如你是这个经理，你怎样处理？

D. 假如你是这个秘书，你怎样处理？

Happy：气死了！第一次见到这么不讲理的客户！这口气顺不下去，我要给他点颜色瞧瞧！

Happy：Cherry，把这封信寄给他们，我看他能嚣张多久。

Cherry：领导，顾客就是个屁，放一放您就顺气了……

Happy：不行，你跟他客气，他就拿你当垃圾。快去办！

Cherry 想：客户就是上帝啊，得罪不起，如果把这份资料寄过去了，那大家都玩完了，家事国事天下事，没钱吃饭是大事！坚决不能寄！

（20 天后经理见对方没有回应，将 Cherry 找来。）

Happy：Cherry，我这还有封信，还寄给那个客户，顺便跟人家打个招呼，上次我有些激动了。

Cherry（得意）：嘿嘿，领导不用了，上次那封信我没寄，别担心了。

Happy：什么？我现在说话不管用了是吗?！你以为你能帮我做决定吗？

Cherry：我……

Happy：你什么你？你整天只会撒谎、吹牛皮，没有半句实话，你说除了让你下岗还能怎么处置你？

Cherry：那让我去广告部好了！

2. 执行建立在对制度尊重之上

任何一个伟大的组织，它的成功必定是建立在对制度的遵守之上的。不遵守制度、相信“特事可以特办”的组织永远不可能变得伟大。

哈佛大学的图书馆在1764年遭受了一场大火，很多珍贵的古籍典藏在这次大火中被毁坏殆尽，让人们惋惜不已。这批古籍是当初哈佛牧师赠给图书馆的，按照规定学生只能在馆内阅读这些书，决不能带出馆外。

碰巧的是，在这次大火发生之前，一名学生把哈佛牧师捐赠的一册名为《基督教针对魔鬼、世俗与肉欲的战争》的书带出了馆外，打算在宿舍里优哉游哉地阅读。

第二天，他得知大火的消息，意识到自己从图书馆带出的那本书，已是哈佛牧师捐赠的古籍中唯一存世的一本。经过一番思想斗争后，他找到当时的校长霍里厄克，把书还给学校。

霍里厄克校长收下了书，感谢了他，然后下令把他开除出校。理由是，这名学生违反了校规。

这便是哈佛的理念——让校规看守哈佛的一切，才更为安全有效。

经济学家茅于轼先生在美国做访问学者时，曾对美国邮局前的排队做过观察。他发现排在队伍前面的顾客，一般距离正在接受服务的顾客至少一米远：一方面避免彼此靠得太近不舒服，另一方面也是尊重别人的隐私空间，免遭嫌疑。如果服务窗口不止一个，也不是每个窗口前面都排一个队，而是只排一个队，前面的人依序到空出来的窗口去办事，以保证先来的人先接受服务。

没有一个人会打破这种墨守的规则。小中窥大，茅于轼先生深有感触地说：“在美国生活的一年中，我无时无刻不在思考，为什么美国如此富有？有哪些地方值得我们学习？”

其实，无论是美国人还是德国人，日本人还是韩国人，他们之所以比我们更加富有，就是因为他们都能按制度做事，从而保证了国家这个大团队的战斗力。对团队来说，制度就是执行的行为准则。如果所有的成员都能“一个口令一个动作”地切实贯彻执行公司的制度，那么团队的整体效率就会提升，战斗力自然而然地也就有了提升。

很多团队有良好的战略和战术，团队成员也都非常优秀，甚至工作都很卖力，但最后的工作成绩却总是一团糟，原因就是大家都没按制度、按流程做事。制度是确保团队整体效率的关键，但很多人并没有认识到这一点。甚至有很多团队领导，为了图方便而随意绕开公司的规章制度。还有一些团队领导，经验思维作怪，工作的时候常常是经验管理，而对公司及团队的流程制度不屑一顾。

最严重的是公司老板不遵守制度。虽然很多老板口口声声要按制度做事，但他自己却常常违规做事，给所有的下属带来了坏的榜样，在这样的情况下，让员工按制度办事，就会变得尤其艰难，甚至会得到适得其反的效果。

制度高于一切，无论是员工还是中高层领导，甚至是老板，都必须遵守制度，严格按照制度规范自己的工作行为。否则，员工没有效率，团队没有效率，最后公司就没有战斗力。这就是为什么很多公司看似完成了工作目标，却仍没有竞争力的原因。

3. 建立强有力的执行文化

大多数的企业都不缺少规章制度，但是大多数企业都缺少自上而下坚持统一的执行力，这是一种普遍现象。

还有一个值得注意的现象是，一谈到执行力，仿佛都是企业内部的管理层在谈，似乎执行力是专门针对普通员工提出来的，所有的管理层都天然地具备了执行力，不需要再对他们谈执行力的问题。

这是一个严重的误区。虽然说执行力不强最终是在员工的身上体现，但要追究责任，最终却要追究到领导的身上。因为团队领导是不是具备了执行力，是不是以身作则把某项工作坚持下去，会直接影响到团队成员执行力的表现。一定程度上可以说，在一个企业内部，高层有高层的执行力，中层有中层的执行力，基层有基层的执行力。

对于基层来说，其实最需要的是行动力，而行动力强调的恰恰就是立即行动，立即执行，并且坚持不懈。

张瑞敏对执行与行动之间的关系看得很透彻，从他到海尔后制定的一系列制度可以看出，他制定的新制度都具备极强的可执行性，每一个人都可以通过坚定不移的行动去执行这些制度。

> 1984 年，在张瑞敏刚到海尔（那时还叫电子设备厂）的时候，看到的是一个濒临倒闭的小厂：员工领不到工资，在厂区打架骂人、随便偷盗公司财产、在车间随地大小便等现象比比皆是，公司一年换了四任厂长。
>
> 张瑞敏首先以个人的人格担保，从朋友那里借了几万元钱，为每一个员工发了两个月的工资，此举令所有员工深感意外。接着，他召开了员工代表大会：“借钱总要还，只能靠自己挣！怎么挣钱，生产销售什么，这是我的责任。但是，一旦决策，能否生产出合格的产品并销售出去，就要靠全体员工。”
>
> 但他表示担心。“按照目前的情况，打架骂人这种状况能经得起客户的考察吗？我们能否文明一点，至少在厂区不再打架骂人？”有的职工代表表态说：“一定相互监督，不再打人骂人。”于是出台了第一条制度：“不准打架骂人，否则罚款××元。”
>
> 张瑞敏接着说：“我们能不能不要随便把厂里的东西拿家去？”工人们同意，于是形成了第二条：“不准哄抢公司财物，否则，罚款××元。”张瑞敏再接再厉：“我们能不能不要在车间大小便？”这时职工代表很激动：“这一条做不到，我们还是人吗！”于是定出了第三条：“不准在车间大小便，否则罚款××元。”……

张瑞敏一口气制定了 13 条管理条例，每一条都紧挨员工的道德底线，让员工感觉“不该”违背。因此，制度本身有极强的可执行性。此外，张瑞敏没有让制度停留在这13条上，而是抓住每一个违反制度的典型行为，发动大家讨论，上升到理念层次，再以这种理念为依据，制定更加严格的制度。

这样，每执行一次制度，就沉淀一个理念，以理念为依据，再制定更多的制度。结果是，制度越来越健全，文化越积越厚重，思想越来越统一。最终形成了“制度与文化有机结合”的海尔模式。

可见，执行的前提一定是你的制度符合人性，符合企业和员工的共同利益。如果出台的制度只考虑了公司的利益，而忽视了员工的利益，在这种情况下要求员工毫无疑义地执行，显然也是不现实的。

对于中层干部来说，计划是执行的开端。有很多干部兢兢业业、埋头苦干，忙得团团转，结果却不尽如人意。中层干部做事要有计划，不能业务一忙就急着增加人手——多加人手，不仅仅是多支出一分工资，还要多一个办公位置、多一部电话、多一份餐点……更重要的是可能还会多一分矛盾。所以，中层干部的执行力必须要用到关键点上，不能随意安排。

那么，高层领导应该履行什么样的职责呢？

高层要做张瑞敏做的事情，张瑞敏做的最重要的事情就是创造了海尔文化。社会在发生改变，人的价值观也发生了深刻的变化，我们人人都追求财富，要打造执行力，就要创造企业的执行文化，创造执行环境。

什么叫文化？什么叫环境？

德国人开车，就算没有交通警察，也一样乖乖地遵守交通规则。据说，曾经有个德国人，半夜来到十字路口，这里没有人，没有电子警察，加上天气风雨交加，他闯了红灯。结果第二天，他就被警察局传唤了。原来，一位路过的老太太发现他闯红灯，举报到了警察局。第三天，保险公司来电话了：“我们要把你的保险费率增加6%。据我们调查，你是一个危险人物。”再过几天，银行打电话来了：“你的房子需要提前还贷。因为据我们调查，你这个人不讲规则。”

这就是文化，这就是环境，它让你不得不遵守交通规则。同样，我们的团队也需要这样的文化、这样的环境。只有在这样的文化环境里，执行力与行动力才是统一的，团队的战斗力也才能在行动的过程中得到体现。

创建执行文化，必须培育信守承诺、结果导向、永不放弃三种精神，一旦员工具有这样的意识，团队的执行力立即得到提升。从下面宋联可工作室原创的情景剧中，我们可以看到具备信守承诺、结果导向、永不放弃这种执行文化的团队，在面对问题、处理问题上的风格。

Ray：Lucky，日期截止前能交出成果吗？

Lucky：再长的路，一步步也能走完，再短的路，不迈开双脚也无法到达。放心吧，领导！

Ray：这次任务确实比以往都艰巨，完不成上层领导也不会太在意的，你不要有太大压力啊！

Lucky：执行力不讲如果，只讲结果。我相信我们可以！

Ray：可是这个实验之前也失败过好几次，不怕再一次失败吗？

Lucky：抱最大的希望，付最大的努力，做最坏的打算。

Ray：人生伟业的建立，不在能知，乃在能行！等你的好消息！

Lucky：流血流汗也不留遗憾！您就拭目以待吧！

4. 效益从制度中来

很多人并没有意识到，一次完美的执行应该是效率与效益的统一，而不仅仅是要一个好的结果。效率自然是在有效的时间内完成任务，而效益强调的是制度约束下的结果。诚如我们前面所讲，脱离了制度约束下的结果，看似完成了任务，实际上却可能给团队的长久发展带来更大的隐患。因此，一次有效的执行，应该是在有效的时间内，在不违反公司制度的前提下，严格按照工作的流程，完美地完成工作任务。

我们将提升执行力分为五步，这个五步法非常有效，总结为：

第一步：简单——任务明确；

第二步：听话——绝对服从；

第三步：照做——流程清晰；

第四步：找方法——主动出击；

第五步：检查——执行力是检查出来的。

按照以上五步，可以快速提升团队执行力，通过宋联可工作室原创情景剧，我们来看看通过五步法管理的团队会呈现怎样的精神面貌。

Ray：简单才是有效的，立刻执行，把团队放在第一位！莫找借口失败，只找理由成功！

众人：齐心协力，再振雄风！

Happy：相关供应商的设备报价都在这里了。

Cherry：好的，我核对一下，等我核算完交给财务做预算报表。

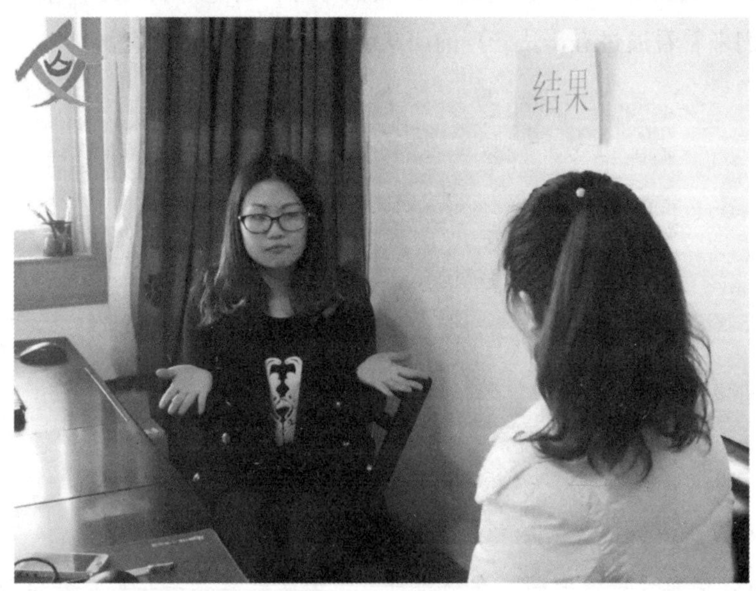

Lucky：厂家那边说无法直接给我们设计具体的项目筹建方案……

Eva：那不行，我们的计划书里是需要他们提供的数据才精准的，你再找找其他供应商。

Eva：领导，我们的项目企划书已经完稿，请您审阅！

Ray：技能是练出来的，潜力是逼出来的。你们等着拿奖金吧！

如果大家都能遵守制度，那么团队的工作效率就能得到整体提升，这就是制度的作用。

在丰田、雅马哈的精益生产过程中，工序的所有零件都放到一个筐里，这个筐旁边有一张卡，后一道工序做完了，筐里的东西就用完了，筐上的卡片就交到前工序去；前一道工序一看到这个卡片（上面有规格、数量），就等于接到了生产指令，立即开始做，做完又再往前工序挪。所以日本式的管理，每一个工序的工作指令都来自后工序，它不是领导下命令，而是后工序下命令，完全是按照制度规定的流程做事。

这就是精益生产的核心。由于不是用人来管理，而是用制度、流程来管理，所以它才能保证效率与效益的统一。如果是靠领导来管理，那么即使提升了效率，也一定会降低效益，因为管理的成本提升了。

从本质上讲，无论是制度还是流程，解决的都是最终效率的问题，而且，这种效率是团队的效率，而非个人的效率。当然，一个新建立的团队在开始工作的时候并不能立即体现出这种效率来，但随着对制度、流程的熟悉、磨合及不断优化，这种效率就变得非常明显。

要想把制度执行到底并不是件容易的事。很多人并不希望按制度做事，而一旦制度制订得不合理，人们这种心理就会更加强烈。所以，如何让团队成员都能在制度的约束下工作，对团队领导来说是一个很大的挑战。

万科董事长王石曾说过："一个制度规范的企业，才能产生更高的效率，让企业摆脱对个人的依赖，让企业减少波动以及由此而来的附加成本，获得一个健康的成长环境。"

对万科来说，当房地产开发进入"类工业化时代"的时候，运营效率的重要性无疑被大大提高了。然而，强调效率并不是片面追求速度而不追求运营的质量。孙宏斌的"顺驰速度"曾经是房地产业内的奇迹，但奇迹终究未能有一个完美结局。由于过于冒险的财务政策以及疏松的运营管理，顺驰资金链在宏观政策巨幅调整下终于支撑不住，以 12 亿元的"跳楼价"将自己托付给了路劲基建。

同样依靠大量项目滚动开发的万科，与顺驰截然不同。在保障财务管理稳健运行的基础上，万科狠抓流程、制度管理。日常的工作当中，万科员工几乎不用浪费任何时间在摸索工作流程上，只要按照内部网上提供的工作流程图及说明文照做就可以了。这也保证了万科分布在全国各地的 70 多个项目能够在总部统一指挥下正常运转，不致因"天高皇帝远"造成部分项目操作失控。

相比万科，顺驰输在了对流程和制度的执行上。了解顺驰的人都知道，顺驰在内部管理方面也曾经有过一套看上去很完美的工作流程和制度。但是由于公司片面强调发展的速度，忽视了对制度、流程的重视，终于造成了"有法不依""执法不严"的局面，个别子公司普通员工都可以越级签署数百万元的合同，管理这样混乱，公司又怎么能有战斗力？

当然，除了对制度的不重视，制度得不到有效执行，与制度的可操作性太差、制度体系不完善、制度不能与时俱进、制度的制定者一厢情愿等也有很大的关系。

当制度的定位过高，超出了员工的素质要求和接受能力时，很多员工因为达不到要求就会失去信心。所以，很多务实的管理者在制定制度时，会特别重视制度的可操作性。比如张瑞敏在接掌海尔后所制定的“13 条规定”，条条都是指向人们的行为底线，可操作性非常强，所以很容易就被大家接受，从而打下了严格遵守制度的良好基础。

制度体系不完善也会影响人们遵守制度的积极性。有的公司和团队对员工违反了制度的惩罚措施非常清晰，但对员工的奖励措施却含糊其辞。比如，给予“表现优秀者”一定的奖励，但对何为“表现优秀”却没有明确的标准，完全由领导的主观认识判断。这就无法调动起人们遵守制度的积极性。而且，很多管理者为了独善其身，往往在制定制度时只对执行者进行处罚，而逃避自己的管理责任。比如制度规定，对不按照工作流程执行的员工，发现一次罚款 5 元。制度很清晰，但这样一条简单且很有必要的规定并不能得到很好的执行，为什么？因为管理者即使不执行这一规定，一般也不会有人认为他有过错。如果我们把这条制度完善为：员工不按流程执行，是员工违规；管理者发现员工违规而不进行处罚，则应看作管理者违规。如此一来，管理者和员工之间形成互相监督的关系，对制度的遵守也就进入了良性循环的阶段。

建立制度的唯一目的是提高效率和效益，如果制度不能与时俱进，已经成为发展的障碍，那它的存在就完全成了一种虚设，人们也不会真正地去遵守它。所以，当制度已经成为公司发展的障碍时，团队领导就必须及时地向上司提出解决方案。否则，不但团队的工作效率会受到影响，员工的工作热情也会受到很大的影响。这一点，联想的柳传志曾经提出过他的与时俱进的理念。

柳传志认为，作为高级管理人员不仅要执行程序、制度，而且要不断创新，要明确什么是目标、什么是手段。在我们的现实生活中，不少人在执行程序和制度时把最终目的忘记了，把流程搞得越来越复杂，用一个形象的比喻就是面多了加水，水多了加面，始终走不出这个怪圈，这就要出大问题。毛主席之所以伟大，就是在复杂的形势下利用灵活的手段，实现了壮大自己、消灭敌人的目标，结果取得了革命的胜利。

据说，联想在管理理念上曾与外籍 CEO 发生过碰撞。因为外籍管理人员喜欢固守已有的流程和制度，并且很难接受联想的改革意见，以致外籍 CEO 与杨元庆产生了难以调和的矛盾，迫使柳传志不得不采取组织措施。柳传志对这一问题的看法是："忘记了目的而做复杂的流程是天底下最大的笨蛋。比如建设销售渠道，就是要以最快的速度将产品销到用户手上，特别是 IT 行业，时间价值更加重要。"

一般来说，公司的制度与流程是不会因某个团队的特殊情况而改变的，所以，很多团队领导为了更好地激发团队成员的工作积极性，就在自己的权限之内在团队内部单独设一份"团队制度"。这种团队制度如果是公平合理的，还能被成员接受。如果团队领导在制定制度时，只强调团队的利益，希望成员规范言行，服从指挥，按照他的意志行事，而很少甚至完全不考虑团队成员的立场和个人利益，那么这个制度只会激起成员和领导之间的矛盾，而不会给团队的工作带来任何的效率和效益。

只有合理的制度才能提升团队的工作效率。要知道，制度不仅仅有约束的功能，还有激励的作用。而且，和物质的激励相比，制度的激励更重要，也更有效。很多公司的骨干和高级技术人才，尽管公司给予其的待遇不菲，但还是离开了公司，原因就是无论公司还是团队，都只注重了金钱激励，而忽视了金钱之外的激励。

马斯洛的需求层次论认为，人的需求由低到高分为五个层次，即生理需要、安全需要、爱的需要、尊重需要和自我价值实现需要。赫茨伯格的双因素理论则认为，真正可以激发员工积极性因素的是那些对员工有着激励影响的因素，如工作成就、工作本身、责任感、个人的成长机会等，而大家都非常熟悉的薪水、奖金、上下级关系等，仅仅能起到一种维持作用，无法起到激励职工的作用。

华为公司在其基本法中规定，"华为可分配的价值，主要为组织权力和经济利益；其分配形式是：机会、职权、工资、奖金、安全退休金、医疗保障、股权、红利以及其他人事待遇。”在这里，公司强调，除了传统意义上所讲的经济利益外，特别把机会、职权等也作为一种分配形式予以关注。

可见，如何充分利用制度的激励作用，是一个值得团队领导深入思考的问题。

第二节　补上管理这一课

1. 用规则的确定对付结果的不确定

我们常说世界500强、跨国公司员工的执行力强，它们的员工为什么执行力强？是因为职业化素质比较高？还是因为他们天生就具备“自动自发”的主人翁精神？

显然，没有人可以奢望员工自动自发地工作，那不过是理想的乌托邦状态。正如史玉柱在一次电视节目上所说：“永远不要期望员工像老板一样工作，那不现实。”事实上，无论在什么企业，能够自动自发工作的员工都寥寥无几。

真正让跨国公司的员工具备强执行力的，是它们的流程管理。流程决定了员工做事的程序和步骤，也厘清了员工的岗位职责和执行标准。流程就是执行的工具，当所有员工都能够按流程执行的时候，他们的执行力也就得到了基本的体现。

当《每日经济新闻》的记者询问波音（中国）公司总裁王建民，对稳定的追求、对流程的要求会否导致公司反应迟缓、执行力不足时，王建民回答：“执行的时候我们不会改变方针，这样可能会使反应慢些，但是对流程的严格遵守，正是执行力的体现。”

其实，执行力不仅仅是要做出一个好的工作结果，它必须是在按流程执行的前提下，在规定的时间内做出公司想要的结果，才算是真正具备了执行力。仅仅强调了结果而忽视了过程的执行，不但不会给我们带来执行力，反而会让我们失去执行力。

可以说，按流程执行是员工执行力得到基本体现的保证。一个员工，他的能力再强，如果不按流程执行，也可能会犯低级错误。因为流程是前人工作经验的总结，按流程执行，意味着我们可以少犯一些低级的错误，意味着我们可以用最有效的手段提升自己的工作效率，而这些恰恰影响到一个人的执行力大小。

按流程执行不仅仅关系到员工个人的执行力，对企业的整体竞争力也起着很大的作用。企业是一个有机组织，如果员工做事没有规范，彼此之间职责不清，越位、错位、缺位现象严重，那么企业整体的工作效率就会受到很大的影响，从而降低企业的竞争力。许多企业规模很大，营业额很高，但最后的利润却少得可怜，与这种工作混乱导致管理成本增加有很大的关系。

2. 外延的基础是内涵的坐实

让一个还不会走的婴儿去跑步，是一件极不靠谱的事情。但就是这么简单的道理，许多成年创业者却不明白，而且经常会在这个问题上跌跟头。

公司的成长轨迹和人的成长轨迹不无相似之处，也都是先学会爬，再学会走，然后学会小跑，等小跑熟练了，最后才能迈开步子大步跑。

对创业公司来说，所谓“爬”，就是能维持正常运转。如果公司连正常的运转都维持不了，还在谈什么发展规划，显然极不现实。等自己能“爬”了，公司就进入了“走”的阶段。在“走”这个阶段，公司尤其需要静下心来，踏踏实实地练好内功，当然，关键是能招聘到一批有能力、有上进心的可用之才，并培养出几个骨干力量，为公司以后的“跑”打好基础。“小跑”阶段，实际上也就是公司慢慢扩张的阶段，这一阶段，公司不能冒进，不能一下子把摊子铺得很大，而必须慢慢试探市场并发现公司在经营管理上存在的一些问题，并及时改进。等“小跑”也熟练了，公司的基础也就打牢固了，这个时候，公司才可以迈开步子大步发展。

任正非说：“外延的基础是内涵的做实。”实际所指就是公司要想扩张，要想发展壮大，就必须打好基础，不能在“内部关系”还没有理顺的情况下就寻求大规模扩张。

按照任正非的解释，内涵的做实就是公司的各级管理体系要不断优化，这是管理中的根本点。各部门的工作达不成目标，总是不尽如人意，其实就是内涵没有做实。任正非认为，无论是销售、科研、生产还是支持部门，都要反思是不是围绕公司的总目标已经做得很好了，对公司“基本法”的认识是不是已经很深刻了。如果每个部门、每个员工对公司总目标没有一个整体的、准确的、全面的理解，而只是孤立地在一小块地方去思考自己的管理进步，那么这种进步很可能建立在制约别人的进步上，对公司整体的进步并不能产生巨大效应。因此，管理的目标性应该很明确，内涵做实的目标也应该很明确。

显然，任正非是从公司整体的高度去理解内涵的做实。他的意思，简单来说就是，公司像一块带有各种齿轮的机械手表，每个齿轮（就是各个部门）的转动都必须和其他齿轮吻合同步，而不能独立转动。否则，只要有一个齿轮不同步转动，就会影响其他齿轮的节奏。

3. 管理风格不重要，管理目的要记牢

只要有公司，管理就是一个无法回避的问题。即便是刚刚创业、追求效率第一的小公司，也不敢无视管理的存在。许多前期发展迅猛、后期直线陨落的公司，已经用残酷的事实证明：管理跟不上，公司没前途。

管理的重要性不言而喻。所以，无论是创业者还是已经身处高位的领导者，都必须回答这个问题：“给你一个公司，你会怎么管？”

这个问题很有煽动性。它看上去太简单了，我们每个人又都对管理有一些看法，所以，它很容易点燃我们对此话题的讨论欲望。

但是，一定要小心，这个问题实际上非常阴险！因为当你在喋喋不休地谈论自己会如何管理一家公司时，你可能正在暴露自己对管理的无知。

大多数人对管理的认识，多是来自对身边一些现象的反思。这种反思的行为没有错误，许多公司的管理就是在这种持续的反思中得以改善。不过，由于这种反思带有视野的局限性，往往只见树木不见森林，所以，通过这种

对局部现象的反思所提出的管理建议，往往也带有很强的局限性。

事实上，那些一谈管理就滔滔不绝的人，对管理的认识往往是“一瓶子不满半瓶子晃荡”，完全是一些“我认为就应该这个样子”的主观意识。所以，当他们在回答如何管理公司这个问题时，就会“东一耙，西一耧”，只是从一些个别现象谈自己的观点。

缺乏系统性视野和思维，是人们回答不好这个问题的原因之一。更大的原因，是人们对管理的本质没有一个清醒的认识。即便是一些工商管理毕业或读过 MBA（工商管理硕士）课程的人，也往往会机械化地“背诵”：“管理就是计划、组织、领导、控制……”，而完全没有意识到弄清楚管理的目的更重要。

管理的目的是什么？就是提高产品质量、降低经营成本、提升工作效率。

凡是不知道这三点的人，一定管理不好一个公司。

许多企业家的管理风格差异很大，甚至截然相反，但他们都能把公司管理好，根本的原因就在于他们洞悉了管理的目的。有的人采用集权的军事化管理，有的人采用分权的民主化管理，都能把公司管好，就是这个原因。

被人们看作是教父级人物的苹果前 CEO 乔布斯，可以说是违反了管理学的所有规律：他不是一位“共识缔造者”，而是一名主要听从自己直觉的“独裁者”；他不是像很多领导人那样只停留在战略高度“务虚”，而是一个狂热的细节控；他在开会时非常残酷，会因为员工“愚蠢的主意”而毫不留情地拿他们开刀，而这是一个成熟的管理者绝不会干的事情。

亚当·拉辛斯基（Adam Lashinsky）曾在《财富》杂志上回忆起 2008 年乔布斯集结了一支开发 MobileMe 电子邮件系统的团队，并要求知晓这个产品的一切：“有谁能告诉我按照计划 MobileMe 应该能做些什么？”在得到满意回答后，他继续问道：“那为什么它现在做不到呢？”

接下来的半个小时中，乔布斯严厉斥责了这支团队。“你们损害了苹果的名誉，”他说，“你们令彼此失望，真应该彼此憎恨。”

这就是乔布斯的管理风格。按照通常的理论，CEO 和高层管理人员必须真诚、考虑周到、敏感、谦虚，外加富有创造力、聪明、战略上明智。但很显然，乔布斯整体上与这些特点差得很远。

虽然乔布斯的管理风格让人难以接受，但苹果公司却在乔布斯的带领下一路高歌猛进，令竞争对手望尘莫及。原因何在？答案就在于，乔布斯虽然在管理风格上异于常人，但他却牢记管理的目的，无论是对细节的掌控还是在做决策时听从自己的直觉，他都只有一个目的——给消费者带来更好的产品体验。

军人出身的任正非在管理风格上也略显暴躁，他有一次告诉财务总监："你最近进步很大，从很差变成了比较差。"显然，这样的管理风格，也是很难让人接受的。但是，华为在任正非的带领下，始终处于大步发展的状态，究其根源，也是因为任正非知道管理的目的所在。

第三节　文化要有"突破力"

文化是企业的灵魂，是企业持续发展的不竭动力。

1. 永远不够好

企业发展的原动力到底是什么？不同的人对这个问题会有不同的答案。有人认为是技术，有人认为是品牌，还有人认为是服务。其实，无论是技术、品牌、服务还是商业模式，它们虽然在一定程度上都可以带动企业的发展，但却都不是企业发展的原动力，因为它们都缺少发自内心的自驱力。

有人进一步认为，创新才是企业发展的原动力。只有时时刻刻保持创新意识，企业才能不断发展、持续进步。

这已经接近了问题的根源，但却还是没有指出问题的核心。因为创新只是一种表象，创新的背后如果没有永不满足的进取心驱动，创新就可能流于"形式"。

曾经连续几年陷入亏损的摩托罗拉之所以一度在功能型手机的世界里“鬼打墙”转不出来，根本的原因就是当时的管理层陷入了经典机型V3的巨大成功中难以自拔。这款凭借工业设计取胜的功能型手机为摩托罗拉带来了史无前例的巨大市场，“它让摩托罗拉过了两年什么都不用做就可以获得销量和利润的日子”。

在这期间，摩托罗拉并非没有创新。恰恰相反，早在2003年，它就开始打造P2K（手机文件管理器）的替代操作平台JUIX，但这一计划在2005年被叫停。接下来它又开始投入EzX平台，甚至在中国推出了EzX平台的经典产品“明”系列，但随后它转而青睐Linux Java而放弃了EzX。再往后，它又去关注Windows Mobile系统和新兴的Android系统……

这些创新为什么都没有成功？因为当时摩托罗拉的员工从上到下都没有了进取心！当所有的人都躺在过去的功劳簿上“吃老本”的时候，他们即便有创新的行为，也缺少了创新的动力和压力。

只有那些对现状永不满足的人们才会根据公司或行业特征，或者进行技术创新，或者进行品牌建设，或者寻找新的商业模式。不同的企业，赢利模式不同，发展模式也必然不同。对于快速消费品行业，品牌知名度是关键，所以它们要在品牌宣传上永不满足；对于高科技行业，技术领先是关键，所以它们要在技术创新上永不满足；对于零售服务行业，服务是关键，所以它们要在服务上永不满足……

所有不断发展的企业背后都有一颗不满足的心，这颗心就是“进取心”。

凡是安于现状，小富即安者，在现今激烈的市场竞争环境下，通常都难以生存下来。所以，在某种程度上可以说，凡是活下来的企业，其老板都有一颗永不满足的进取之心。

但是，企业的发展仅靠老板一个人不断进取显然不够。老板更多意义上只是一个掌舵者，如果其他员工不用力划桨，老板即便目标清晰、航线无误，企业这艘大船也仍然不会前行。所以，从根本上说，企业的发展需要每一位员工都有进取心。如果做不到这一点，企业就会出现老板拼命吹号，员工却在原地踏步的现象。

2007年，史玉柱旗下的巨人网络集团有限公司上市之后，整个研发团队的创业激情也跟着消失了。据史玉柱分析，大家的创业激情之所以会消失，就是因为上市之前除了他之外，大家都很穷，收入就靠工资。但上市之后，一下子出了许多百万富翁、千万富翁，这些研发人员住着别墅、开着宝马，就不像以前那么拼命了。过去他们可能就关注研发这一件事，现在却会拿出许多时间来去探讨“宝马又出什么新款”“哪的别墅打折销售”等。

史玉柱的解决办法就是把每个研发人员放到小的核算单位里去，除了像《征途》这样运营比较成功的项目留在集团里面，其他所有的项目都成立一个独立的公司，一个项目组成立一个公司，到工商局注册成独立的有限公司，然后就是巨人网络出现金占51%股份，剩余的49%由研发人员掏钱入股。如果项目成功了，那么研发人员可以按照比例分红；如果项目失败了，那么巨人网络的钱没有了，研发人员投入的钱也没有了。

很明显，史玉柱也是采取压力传递的办法来重新激发员工的创业激情。有的企业家受传统文化的影响，相信“以德治企”的理念。其实，道德礼仪，是有一个逻辑顺序的，先为道，后为德，再为礼，最后为仪。道不通才采取德治，德败坏又出现了礼，礼也行不通了，人们又想出用仪来约束大家。中国古代社会的统治，一直在道德礼仪这四个纬度里面徘徊，唯独没有考虑到制度的重要性，这才导致了中国几千年的历史总是在不断重复的诡异现象。如果统治者能够把制度作为道德礼仪的前提和基础，那么中国的历史很可能将会是另一个样子。

管理企业同样如此。如果只相信文化的力量而忘记了制度约束的重要性，企业文化就很可能会流于空谈，甚至成为一纸空文。普遍意义上，任何企业的文化要想产生力量，都必须有制度的辅助。

2. 关键节点要突破

突破力文化的另一特点是要在关键节点上有所突破。

所谓关键节点，是指在一些对企业发展意义重大的事情上，或者企业发展的关键时刻，员工要能够冲上去把问题解决，而不是退缩逃避，或者无法突破。

企业不断发展的过程实质就是不断突破一些关键节点的过程。这些关键节点如同一道道不断晋级的门槛，跨过去了，企业就上升到了一个新的台阶；跨不过去，企业无论表面上做得多大，都还是在原地踏步，没有实际意义上的提升。

要想突破关键节点，员工就必须具备相应的工作能力和工作态度，尤其是工作态度，更是尤为重要。因为能力不足，还可以靠学习获得，但如果态度不对，只想“混日子”赚吃饭钱，那么即使员工有再大的能力也不会发挥出来。

要想在关键节点上不断突破，就必须先端正员工的工作态度。而这种态度，也不能仅靠呼吁，而必须提升到企业文化的高度，让每一位员工从心灵深处认识到它的重要性。

在关键节点做出比预期还要好的成绩，这其实就是突破力文化的一种表现。

2003 年“非典”期间，广电运通在东北办事处的负责人并没有像其他人那样待在家里，而是坚持拜访吉林省农行，成为“非典”期间还登门拜访该行的唯一一家厂商。他执着的精神和诚恳的态度赢得了对方的好感和认可。结果，在广电运通进入东北市场的短短两年时间里，光吉林省农行采购的自动取款机，就超过了 100 台。

这就是突破力。越是关键时刻，越是迎难而上，不退缩，不回避，不找借口，不打折扣，甚至还要做得更好！

企业文化的目的是要让员工在思想上形成一种共识，并最终将员工的行为统一起来。有的企业，虽然企业文化的内容非常漂亮但却都只是口号，从来没有真正进入过员工的内心深处。显然，在这样的企业中，企业文化本应发挥的作用是永远都没有机会发挥的。

3. 带着思考去工作

人们之所以会重复犯一些低级错误，根本原因在于他们责任心的缺失。对一个缺少责任心的人来说，即便每一个工序都有严格的操作程序，他们也仍然会出现其他问题。

因此，要想从根本上解决这一问题，建立起“带着思考去工作”的执行文化，让员工从“事后反省”的层次，上升到“在工作中反思，在反思中工作”的层次，时时刻刻将问题消灭在萌芽状态。

带着思考去工作，首先可以让员工明白把工作做好的重要性。通常来说，人们工作，要么是追求物质，要么是追求名利，境界再高一点的，也就是做出一番事业，追求自我价值的实现。

显然，无论是追求基本的物质，还是追求自我价值的实现，把工作做好都是基本的前提。因为对追求物质的人来说，只有把工作做好了，你才有机会升职加薪。哪怕你没有很大的物质追求，只是希望工资能够养家糊口即可，你也必须把本职工作做好，否则，一旦因为工作表现不好而被开除，你可能连养家糊口的目标都实现不了。对那些追求实现自我价值的人来说，把工作做好更显得尤为重要。因为只有把工作做好了，你才能有机会获得更大的舞台来施展的自己的能力，从而实现自我的价值追求。

带着思考去工作，还可以让员工明白他们是在为谁工作。那些工作态度不认真、干什么都马马虎虎、粗心大意的人，几乎无一例外地认为自己是在为公司工作。事实上，凡是不把公司利益当成自身利益来对待的人，几乎都抱有“打工”的心态。这些人不明白，他们在公司工作的同时，实际上也是在为自己工作。如果他们总是对工作应付了事，那么表面上看是公司利益受损，实际上，受损最大的却是他们自己。因为他们的职业信誉、发展空间、能力提升等，都会因为自己的不认真而受到影响。最终，自己的职业生涯也会受到影响。

在某种意义上，每个人都是在为自己工作。企业不过是一个平台，给大家提供了施展能力的机会而已。个人能否发展，最终还是要靠自己！

只有“带着思考去工作”的执行理念，才能让员工慢慢领会到自己与公司之间的亲密关系，明白自己在工作中应抱有什么样的态度，从而建立起自己的责任心和敬业精神。

反之，像“没有任何借口”这样的执行理念，是永远不会培养出员工的主动意识和“主人翁精神”的。因为在“没有任何借口”的理念下，大家只是一个执行的工具，既然只是工具，大家又怎么会主动把工作做好？

执行的动力源于文化。企业文化解决的是意识问题，企业战略解决的是策略问题。企业要想做大，就必须依赖于战略，要想做强，则必须依赖于执行。而执行的动力，则是源于文化。

战略的最终实现依靠的就是员工的执行。员工执行到位，战略就会实现；员工执行不到位，战略就会在执行中被扭曲，甚至根本得不到执行，最终成为一纸空文。而员工执行力的好坏，又与企业文化对员工价值观的统一是否到位有关。

所以，企业战略的能否实施，表面上看与员工的执行力有关，实际上却与企业是否在经营过程中形成了为全体员工所认同并遵守的、具有本企业特点的企业文化有关。